BERLIN

W0038920

BETTINA WEIGUNY

DENN ES IST UNSERE ZUKUNFT

JUNGE REBELLINNEN VERÄNDERN DIE WELT – VON GRETA THUNBERG BIS EMMA GONZÁLEZ

ROWOHLT · BERLIN

Originalausgabe
Veröffentlicht im Rowohlt · Berlin Verlag, Februar 2021
Copyright © 2021 by Rowohlt · Berlin Verlag GmbH, Berlin
Covergestaltung Anzinger und Rasp, München
Coverabbildung thenounproject.com / Lizzy Gregory
Satz aus der Cardea bei Pinkuin Satz und Datentechnik, Berlin
Druck und Bindung CPI books GmbH, Leck, Germany
ISBN 978-3-7371-0111-0

Die Rowohlt Verlage haben sich zu einer nachhaltigen Buchproduktion
verpflichtet. Gemeinsam mit unseren Partnern und Lieferanten setzen
wir uns für eine klimaneutrale Buchproduktion ein, die den Erwerb von
Klimazertifikaten zur Kompensation des CO_2-Ausstoßes einschließt.
www.klimaneutralerverlag.de

INHALT

VORWORT:
DENN SIE FORMEN UNSERE WELT 7

1. ACHTUNG, DIE MÄDCHEN KOMMEN! 13

2. REBELLINNEN ODER INFLUENCERINNEN? 37

3. GRETA THUNBERG:
HELDIN EINER GANZEN GENERATION 45
Gretas einsamer Klimastreik 47
Ein junges Mädchen erteilt Staatschefs Lektionen 54
«Our house is on fire!» 66
Ein einziger Tweet – und ein Weltkonzern wankt 74

4. WIR RETTEN DIE WELT 89
Die Wijsen-Schwestern gründen auf Bali
«Bye Bye Plastic Bags» 91
Zwei Brüder rudern auf Java über den
dreckigsten Fluss der Welt 101
Die Trinkwasser-Kits einer Inderin 111

5. WIR BESTIMMEN SELBST, WER WIR SIND! 125
Dem Grauen der Kinderehe entkommen 127
Memory Banda bricht mit
rituellen Vergewaltigungen in Malawi 143
Die Britin Amika George fordert Tampons für alle 147
Jazz Jennings' Kampf um ihr Geschlecht 155
Emma González nimmt es mit der Waffenlobby auf 168

6. DER KAMPF FÜR DIE RECHTE VON MINDERHEITEN 181

Naomi Wadler will alles, nur nicht «süß» sein   183
Marley Dias und ihre Aktion #1000BlackGirlsBooks   196
Little Miss Flint startet in Michigan
#WednesdaysforWater   201
Die Wasserbeauftragte der First Nations fordert den
kanadischen Premier heraus   213
Helena Gualinga legt sich am Amazonas mit der
Ölindustrie an   220

SCHLUSS: DAS VERSPRECHEN DER JUNGEN REBELLINNEN 231

Zum Weiterlesen   247

VORWORT:

DENN SIE FORMEN UNSERE WELT

Das erste Mal sah ich Greta Thunberg im Januar 2019. Es war in Davos, am Rande des Weltwirtschaftsforums in den Schweizer Bergen. Sie war mit dem Zug aus Schweden angereist, hatte ihr «Schulstreik»-Plakat mitgebracht und hockte vor einem riesigen Schneeberg, umringt von Journalisten und Fotografen aus aller Welt. Auch Manager und Milliardäre reckten die Hälse, um einen Blick auf die sechzehnjährige Klimaaktivistin zu erhaschen und ihre schwerwiegenden Vorwürfe zu hören, die sie gegen die Generation ihrer Eltern erhebt. Wie ein Komet war sie auf den Bühnen der Weltöffentlichkeit eingeschlagen.

Ein Jahr später war sie wieder vor Ort, diesmal nicht allein. Ein Dutzend Rebellinnen im Teenageralter, die eigentlich in der Schule hätten sein müssen, setzten sich im Januar 2020 für die Belange ihrer Generation ein, die jüngste von ihnen war gerade einmal dreizehn Jahre alt. Zum ersten Mal in der Geschichte des Weltwirtschaftsforums hatten die Veranstalter Jugendliche eingeladen, die das Zeug zum «Changemaker» haben – die bewiesen haben, dass sie die Welt verändern wollen und dies auch können.

Während dieses Gipfeltreffens in Graubünden entstand die Idee zu diesem Buch. Denn schnell war klar: Hier bricht sich etwas ganz Neues Bahn. Hier erhebt eine Generation die Stimme, die anpackt, ihre Zukunft gestaltet und nicht gewillt ist zu warten, bis sie erwachsen ist. Die Anführerinnen versammeln Jugendliche auf der ganzen Welt hinter sich, die für das Klima und gegen die Waffenlobby, gegen Kinderehe und Diskriminierung demonstrieren. Sie fordern ihr Recht auf Bildung und Gleichberechtigung ein, erfinden Testkits, um die Qualität von Trinkwasser zu überprüfen, und Roboter, die Plastik aus den Meeren fischen. Sie sind mutig, eloquent, belesen und wissbegierig. Wie Profis beantworten sie alle Fragen freundlich, aber bestimmt, auch Provokationen kontern sie gelassen. Zwischendurch vergisst man, dass sie zum Teil noch Kinder sind. Bis sie plötzlich loskichern, herumalbern, auf ihren Stühlen kippeln und beglückt Schokoriegel knabbern. Wer mit ihnen sprechen will, muss sich an ihre Mütter wenden, die mit Argusaugen Terminkalender und Social-Media-Accounts verwalten. Denn es gilt auch, die jungen Menschen vor Anfeindungen zu schützen.

Corona hat sie alle zurückgeworfen. Plötzlich gab es keine Bühnen mehr, die sie hätten bespielen können. Plötzlich blieb ihnen nur noch die virtuelle Welt, um für das Klima zu streiken und für eine gerechte Zukunft zu kämpfen. Aber das Netz ist nicht das echte Leben. Corona ist für diese Generation ein Rückschlag unbekannten Ausmaßes. Es werden wieder mehr Mädchen zwangsverheiratet, Schulen wurden geschlossen, die Schüler nach Hause geschickt, und ob die Kinder je zum Lernen zurückkehren, ist vielerorts ungewiss.

Die Folgen für dieses Buch waren weniger drastisch. Zwar wurden persönliche Treffen schwieriger, dafür hatten die jugendlichen Rebellinnen mehr Zeit und Muße für den direkten Austausch: Wozu gibt es schließlich Zoom und Skype? In den Terminkalendern, für gewöhnlich getaktet wie die von Top-Managern, war plötzlich wieder Luft, nicht anders als bei Geschäftsleuten. So lernte ich manch ein Kinder- und Jugendzimmer kennen, traf die Rebellinnen zu Hause mit ihren Eltern an, die kurz in die Kamera winkten, um zu sehen, mit wem die Tochter da jetzt redet. Mal bellte der Hund im Hintergrund, mal brachte ein Mädchen ihr Lieblingsstofftier zum verabredeten Zoom-Meeting mit.

So ist dieses Porträt einer rebellischen und sehr jungen Generation entstanden. Das Buch stellt die Hauptakteure vor und geht grundsätzlichen Fragen nach: Woher kommen all die kämpferischen Rebellinnen? Was treibt sie an? Was eint die «Generation Greta»? Erleben wir die Entstehung einer weltumspannenden Bewegung, oder handelt es sich nur um starke Aktionen Einzelner? Wer bringt die Jugend auf die Straße, und wer dirigiert sie?

Es ist ein Buch für alle, die die weltweite Aufregung um Greta Thunberg verstehen wollen. Für alle, die die Welt verändern wollen, aber denken, sie seien zu klein, jung und unwichtig dafür. Es ist ein Buch für alle Jung-Revoluzzer und auch für ihre Eltern. Und ganz bestimmt sollten es die Entscheider aus Wirtschaft und Politik lesen, bevor sie vorschnell Broschüren zur Verantwortung von Unternehmen für nachhaltige Entwicklung – die blumig formulierten Lobgesänge auf die sogenannte Corporate Social Responsibility – in Auftrag geben oder sich großspurig «Green Deal» auf die Fahnen pinseln. Die jungen Aktivisten nehmen sie beim Wort! Sie gehen uns alle an. Denn sie formen unsere Welt.

1.

ACHTUNG, DIE MÄDCHEN KOMMEN!

Wie alt muss man sein, um gegen die waltenden Umstände zu rebellieren? Achtzehn Jahre, sechzehn oder nur zehn? Naomi Wadler ist gerade einmal elf Jahre alt, als sie vor 800 000 Menschen auf der Bühne steht, um ihre zarte Stimme gegen Waffengewalt und die Diskriminierung afroamerikanischer Mädchen zu erheben. Memory Banda ist zwölf, als sie in Malawi mutig vor die Dorfältesten tritt, um sich gegen Kinderehe und grausame Riten zur Wehr zu setzen, die das bis dahin unbeschwerte Leben ihrer jüngeren Schwester zerstört haben. Amika George demonstriert mit siebzehn Jahren in der Downing Street, damit die britische Regierung etwas gegen die «Menstruationsarmut» unternimmt. Isabel und Melati Wijsen sind zehn und zwölf, als sie die Intitative «Bye Bye Plastic Bags» gründen, um die indonesische Regierung endlich dazu zu bringen, gegen die Vermüllung des Inselparadieses vorzugehen. Zwei Jahre später treten sie – «wie Gandhi» – in den Hungerstreik, weil ihnen niemand aus der Politik zuhören will. Dafür hätten sie ins Gefängnis kommen können, es war ihnen egal. Ellyanne Wanjiku wird mit neun Jahren zur Aktivistin und pflanzt in Kenia Bäume, um ihr Land, die Natur und das Klima zu retten.

Sie alle und viele mehr sind die Heldinnen dieses Buchs. Gemeinsam ist ihnen ihr politischer Wille, ihre Chuzpe, ihr

Mut und die wilde Entschlossenheit, mit der sie auf die Bühne des Weltgeschehens treten, auf der sie eigentlich nicht vorgesehen sind.

Denn sie sind doch noch Kinder! Sie dürfen nicht wählen. Sind zu jung, um den Führerschein zu machen oder sich einen Instagram-Account anzulegen. Andere in ihrem Alter schauen Serien auf dem Smartphone, spielen mit Puppen oder am Computer und akzeptieren die Welt um sich herum, wie sie ist. Die Rebellinnen tun das nicht. Sie wollen etwas verändern, nehmen es dafür mit den Erwachsenen auf, brechen mit Traditionen. Sie legen sich mit den Mächtigen dieser Welt an und bieten multinationalen Großkonzernen und Politikern die Stirn. Die meisten von ihnen gehen noch zur Schule – wenn sie nicht gerade für das Klima streiken oder ihr Recht, als Mädchen die Schule besuchen zu dürfen, erst einfordern müssen.

Für Weltverbesserer gibt es also im 21. Jahrhundert kein Mindestalter. Das lehrt uns eine neue Generation junger Rebellinnen, die gar nicht erst darauf warten, erwachsen zu werden, sondern direkt losstürmen. Greta Thunberg war sechzehn Jahre alt, als sie mit ihrem «Schulstreik für das Klima» eine weltweite Welle losgetreten hat, die ihresgleichen sucht. Und sie betont wieder und wieder: «Niemand ist zu klein oder zu unbedeutend, um die Welt zu verändern.»

Innerhalb von zwei Jahren ist die schwedische Schülerin zu einer der wichtigsten politischen Stimmen der Welt geworden, die von Millionen Menschen bewundert oder belächelt, verherrlicht und verachtet wird. Sogar Staatschefs und Konzernlenker hat sie gelehrt, dass sie eine Greta Thunberg zwar mit Häme überschütten können, aber auf gar keinen Fall unterschätzen sollten. Denn Greta ist nicht allein. Hinter ihr steht ein Heer von Kinder-Aktivistinnen.

Und hinter diesen – nur einen Tweet entfernt – eine ganze Generation. Eine einzige Rede, ein gezielter Angriff vermag Weltkonzerne zu erschüttern, Karrieren von Großmanagern zu zerstören.

Überall erobern Kinder das politische Parkett, nicht als dekoratives Beiwerk, sondern als Hauptakteure, als teuer bezahlte «Top-Speaker», als die sie angekündigt und hofiert werden. Das hat es bis vor kurzem nicht gegeben. Im Jahr 2020 aber gehört es zur neuen Realität. Wo immer die Mächtigen der Welt zusammenkommen, um die Themen der Zukunft zu debattieren, da ist die Jugend nicht weit. Die jungen Rebellen mischen sich unter Regierungschefs und ihre Minister, unter Konzernlenker, Top-Banker und Nobelpreisträger. Sie fordern ihre Rechte auf Konferenzen der Vereinten Nationen ein, kämpfen vor der Weltbank und auf dem Weltwirtschaftsforum für eine bessere Zukunft.

Erstaunlicherweise sind besonders viele Mädchen darunter, und mehr noch: Wohl erstmals in der Geschichte erheben vor allem nicht-weiße Mädchen ihre Stimme gegen eine Welt, die von weißen Männern geprägt wurde. Und zwar überall, in Amerika wie in Europa, in abgelegenen Dörfern Afrikas wie auf winzigen Inseln im Südpazifik, die mit dem weiteren Anstieg des Meeresspiegels unterzugehen drohen. Naomi Wadler, geboren in Äthiopien, adoptiert und in Washington D.C. aufgewachsen, bringt auf den Punkt, was die Rebellinnen umtreibt: «Gegen Menschen wie mich sprechen nur zwei Dinge: dass ich schwarz und ein Mädchen bin. Das macht mich wütend.» Denn es ist ungerecht.

Viele von ihnen wurden von Greta Thunberg, der Heldin einer ganzen Generation, inspiriert und ermutigt, ihr nachzueifern. Die «Generation Greta» wurde so sprichwörtlich. Die Anliegen sind unterschiedlicher Natur, mal sind es kleine, lokale Angelegenheiten, mal die großen, globalen Zusammenhänge. Stets aber geht es um Gerechtigkeit, um Chancengleichheit. Drei Dinge treiben sie vor allem um: Sie wollen die Erde retten; sie kämpfen für ihre Rechte als Mädchen, wollen selbst bestimmen, wer sie sind, und sich nicht mehr vorschreiben lassen, wie sie zu leben haben; und sie wollen die Benachteiligung von Minderheiten beenden, von Schwarzen, indigenen Völkern oder auch illegalen Einwanderern.

Die meisten von ihnen haben ein allgemeines politisches Anliegen. Wenn es zudem um die Umwelt geht, zeichnet sich die Generation aber auch durch naturwissenschaftliche Kenntnisse und ganz praktische Erfindungen aus.

Sie alle fordern, was ihnen zusteht. Was Politiker ihnen seit Jahren versprochen haben, ohne es einzulösen. Denn wie soll ein Mädchen in Sambia sein Recht auf Bildung wahrnehmen, wenn es im Alter von elf oder zwölf Jahren an einen sechzigjährigen Mann verheiratet wird und fortan in dessen Haushalt schuften muss und ein Kind nach dem anderen bekommt? Wer würde da von gleichen Bildungschancen für alle und von Gleichberechtigung zwischen Mann und Frau reden? Wer glaubt, dass diese Mädchen eine selbstbestimmte Zukunft vor sich haben?

Niemand. Und ob es nun naiv ist oder einfach nur grenzenlos optimistisch, die jungen Protagonistinnen dieses Buches sind überzeugt, die Verhältnisse ändern zu können. Erste Erfolge - große und kleine - geben ihnen recht: Den Wijsen-Schwestern ist es zu verdanken, dass die Regierung von Bali Einwegplastik auf der Insel verboten hat. Eine fünfzehnjährige Kanadierin ringt Premier Justin Trudeau als offizielle Wasserbeauftragte der First Nations das Versprechen ab, bis 2022 die Indianerreservate mit sauberem

Trinkwasser zu versorgen. Ein junges Mädchen aus Sambia macht weltweit gegen die Kinderehe mobil. «Ich mache weiter», so droht sie, «bis alle Regierungen das verbieten.» Viele Kommunen in Malawi haben auf Druck von Memory Banda und ihren Freundinnen dem grausamen Brauch ritueller Vergewaltigungen junger Mädchen ein Ende gesetzt. Ohne Mari Copeny hätte die amerikanische Stadt Flint vermutlich bis heute keine Aussicht auf bleifreie Wasserleitungen. Und ohne Marley Dias und ihre Aktion #1000BlackGirls-Books müssten schwarze Kinder immer noch ausschließlich Heldengeschichten über «weiße Jungs und ihre Hunde» an den Schulen lesen.

Die Vorbehalte gegen die «Teen-Rebels», wie sie im englischen Sprachraum tituliert werden, sind zum Teil groß. Manche sehen in ihnen nur eloquente Karrieristen der grünen Art oder aber die Strategen von morgen, die in zehn Jahren einen Master of Business Administration in der Tasche haben und bei McKinsey anheuern. Andere wiederum argwöhnen, dass die jungen Leute gar nicht ihrem eigenen Willen folgen, sondern als Marionetten von Eltern oder Interessengruppen vorgeschickt werden - instrumentalisiert für Themen, die allein durch die Kombination von globalem Anliegen und kindlichem Auftreten so großartig funktionieren.

Wer den Teenagern zuhört, stellt schnell fest: Die Erwachsenen sollten endlich anfangen, diese Generation ernst zu nehmen. Denn sie hat längst begonnen, unsere Welt zu verändern. Ihre Anführer sind extrem selbstbewusst, radikal in den Ansichten, geschliffen im Auftritt, voller Energie und vom Willen getrieben, ihre Ziele durchzusetzen. Gegen alle Widerstände in der Gesellschaft, der Wirtschaft, der Politik. Denn es ist ihre Zukunft, für die sie kämpfen.

Wer aber sind die Rebellinnen unserer Zeit? Was gärt in ihnen, wie stellen sie sich ihre Zukunft vor, und woher nehmen sie den Mut, gegen die Alten und Mächtigen anzutreten? Wie operieren sie, wie mobilisieren sie die Massen? Und warum erlangen gerade sie, die eben noch völlig unbekannt waren, in kürzester Zeit Heldenstatus?

Naomi Wadler ist inzwischen vierzehn Jahre alt. Sie hat einen Manager und eine Agentur, die ihre Verträge aushandelt. Bei ihrer ersten Rede auf dem «March for Our Lives» am 24. März 2018 in Washington D. C. musste die Mutter der damals Elfjährigen noch helfen, ihren Gedanken eine vernünftige Struktur zu verleihen. Heute weiß Wadler, wie man eine Rede schreibt. Und wie man sie vorträgt. Und sie weiß, worüber sie spricht. «Ich hasse es, wenn Erwachsene mich nicht für voll nehmen und mir die Welt erklären wollen», sagt sie am Rande des Weltwirtschaftsforums in Davos, auf einer Fahrt im Shuttlebus durch die Schweizer Berge. Noch mehr hasst sie es, «wenn Leute mich süß finden». Denn sie ist nicht «süß», sie ist eine Rebellin. Das meint sie bitterernst.

Teenie-Aktivisten wie Wadler kommen freilich nicht aus dem Nichts, sie haben Vorläufer, Vorbilder, Wegbereiter. Mutige junge Menschen, die in den vergangenen Jahrzehnten aufbegehrt haben gegen menschenunwürdige Lebensverhältnisse, Ungerechtigkeit oder gewalttätige Regimes. Teenager, die gekämpft haben für die Rechte von Frauen, Kindern, Minderheiten. Die Sorge um das Klima kam erst später dazu, sie ist ein relativ junges Phänomen. Was die heutige Generation in ihrem Protest aber vor allem von früheren unterscheidet, sind die technischen Bedingungen. Die Vorläufer konnten sich nicht so leicht und schnell vernetzen; sie hatten bisweilen nicht einmal die Möglichkeit, außerhalb ihres Dorfes gehört zu werden, geschweige denn Massen zu mobilisieren oder sich mit einem Klick über ihre Rechte oder die Verhältnisse in anderen Ländern der Welt zu informieren. Fast jede Rebellin der «Generation Z», also der zwischen 1997 und 2012 Geborenen, sagt, der erste Schritt zum Aktivismus sei die Recherche im Internet.

Den Generationen vor ihnen fehlte der freie Zugang zu Wissen, zu Informationen und Erkenntnissen der Wissenschaft, den heute jeder, der einen Laptop oder ein Smartphone hat, permanent bei sich führt. Zudem fehlte das, was heute unter «Social Media» zusammengefasst wird, die Welt der virtuellen Netzwerke, in denen sich die Jugendlichen so behände bewegen. Ein Tweet genügt, um sich weltweit Gehör zu verschaffen und Menschen in den hintersten Ecken Europas und Asiens aufzurütteln. Anders wäre es nicht möglich, so schnell zur Ikone einer Jugendbewegung aufzusteigen, wie es Greta Thunberg gelang.

Ihre Vorgänger waren weitgehend auf sich gestellt. Einige von ihnen haben einen hohen Preis für ihren Mut bezahlt, ohne dass ihr Schicksal es an die große Öffentlichkeit geschafft hat. So wie Claudette Colvin. Die fünfzehnjährige Afroamerikanerin begehrte 1955 in Alabama gegen die Rassentrennung auf, die es Schwarzen verbot, im Bus sitzen zu bleiben, wenn ein Weißer den Platz für sich beanspruchte. Colvin hatte in der Schule an einem Aufsatz gearbeitet, der sich mit der Segregation befasste. Auf dem Rückweg von der Schule dann, am 2. März 1955, weigerte sie sich, für eine junge weiße Frau aufzustehen, woraufhin sie festgenommen wurde. Das geschah neun Monate bevor die bekannte Bürgerrechtlerin Rosa Parks mit Anfang vierzig das Gleiche tat und damit landesweite Proteststürme auslöste. In einem Gerichtsverfahren klagte Colvin mit drei anderen schwarzen Frauen gegen die Stadt Montgomery. Der Fall «Browder gegen Gayle» ging bis vor den Supreme Court, der den Klägerinnen recht gab. Es war einer der entscheidenden Siege, die der Bürgerrechtsbewegung zum Durchbruch verhalfen und die Rassentrennung in Amerika beendete. Colvins Name tauchte in der Geschichte indes lange nicht auf. Als Jugendliche taugte sie nicht zur Heldin, befanden die Bürgerrechtler damals und prangerten nicht ihren Fall, sondern den der zweiundvierzigjährigen Parks öffentlich an. Heute würde es vermutlich anders laufen. Gerade die Jungen haben das Zeug zur Ikone.

Ein anderer Vorgänger ist Iqbal Masih, ein Junge aus Pakistan, der im Alter von vier Jahren für umgerechnet zwölf Dollar an den Besitzer einer Teppichfabrik in Muridke nahe Lahore verkauft wurde. Dort musste er zwölf Stunden am Tag Teppiche knüpfen, sechs Jahre lang, meist war er dabei an den Knüpfstuhl gekettet. Mehrere Fluchtversuche scheiterten, mit zehn Jahren aber konnte er schließlich entkommen. In Freiheit schwang er sich zum Führer einer Arbeiterbewegung auf, die sich gegen Kindersklaverei einsetzte. Er verhalf dreitausend Kindern zur Flucht aus der Knechtschaft, trat international auf. Mit zwölf durfte der Junge, der durch die jahrelange Bewegungsarmut, Arbeit und Hunger viel zu klein und schmächtig für sein Alter war, in New York einen Menschenrechtspreis entgegennehmen. Kurze Zeit später, am Ostersonntag 1995, wurde er in seiner Heimat erschossen. Die Umstände des Mordes wurden nie gänzlich geklärt. Sein leuchtendes Beispiel aber hat andere dazu bewegt, sich ebenfalls gegen die Ausbeutung von Kindern zu engagieren. So gründete etwa der zwölfjährige Kanadier Craig Kielburger noch im gleichen Jahr mit elf Freunden die gemeinnützige Organisation «Free the Children». Das internationale Netzwerk, das von Kindern und Jugendlichen geführt wird, besteht bis heute, baut Schulen, Gesundheits- und Trinkwasserstationen und war mehrfach für den Friedensnobelpreis nominiert.

Manchmal bedarf es nur eines kleinen, mitunter zufälligen Auslösers, damit in einem Kind das Rebellentum erwacht. In den meisten Fällen hat dies mit einem persönlichen Erlebnis zu tun. So war es bei Thandiwe Chama in Sambia. Sie wuchs in einer ärmlichen Umgebung auf dem Land auf. 1999, sie war damals acht Jahre alt, musste die Schule in ihrem Dorf schließen, weil so viele Lehrer an Aids gestorben waren. Chama bestand auf ihrem Recht auf Bildung und überredete ihre sechzig Mitschülerinnen zu einem Protestmarsch in den nächstgelegenen Ort, um die dortige Schule um Aufnahme zu bitten. Das war der Anfang ihrer Karriere als Aktivistin.

Bei dem bayerischen Schüler Felix Finkbeiner wiederum war ein Referat über den Klimawandel, gehalten in der vierten Klasse, der Auslöser: Mit neun Jahren, 2007, beschließt der Starnberger Junge, die Welt zu retten, indem er Bäume pflanzt. Er gründet «Plant-for-the-Planet», eine Organisation, über die Kinder in jedem Land der Welt eine Million Bäume pflanzen und die mittlerweile die «Billion Tree Campaign» der Vereinten Nationen leitet. Felix wurde später mit Auszeichnungen überhäuft, bis hin zum Bundesverdienstkreuz, er sprach mit dreizehn Jahren vor der UN-Vollversammlung in New York, zählt heute zu den einflussreichsten «Green Giants» und wurde von dem internationalen Verband «Junior Chamber International» als eine der «Ten Outstanding Young Persons of the World» ausgezeichnet.

Eines allerdings ist nicht ihm, sondern erst seiner Nachfolgerin Greta Thunberg zehn Jahre später gelungen: die

23

Klimakrise in die Mitte des gesellschaftlichen Diskurses zu bringen. «Erst jetzt sprechen wir über Wochen und Monate jeden Tag über die Klimakrise», sagt Felix Finkbeiner 2019 auf einer Jugendveranstaltung in Frankfurt. «Das ist ein unglaubliches Verdienst von Greta.»

Die zehn Jahre, die zwischen ihm und Greta Thunberg liegen, sind entscheidend für den Aufstieg des Jugendaktivismus, wie wir ihn heute erleben. Ein weiterer wichtiger Faktor ist die schiere Anzahl der jungen Leute. Die Jugend bildet schon rein zahlenmäßig eine gewaltige Macht: Zwei Fünftel der Weltbevölkerung sind unter fünfundzwanzig Jahre alt, das sind mehr als drei Milliarden Menschen. Was lässt sich da an Dynamik mobilisieren, wenn erst einmal die richtigen Themen gesetzt sind!

Die jungen Leute haben Waldbrände und Überflutungen erlebt, durch Wirbelstürme oder Erdrutsche ihr Zuhause verloren. Sie sehen den Müll an ihren Stränden und die vertrockneten Ernten auf ihren Feldern. Sie haben die leeren Versprechen von Politikern gehört. Und nun lassen sie sich nicht mehr abspeisen mit warmen Worten oder wohlklingenden Ehrungen. Die Aktivisten rund um den Globus erheben ihre Stimme, stellen Forderungen und sind nur anfangs überrascht, dass sie Aufmerksamkeit bekommen. Denn ob es den Mächtigen passt oder nicht, die jungen Rebellen haben eine unglaubliche Kraft entwickelt, die Politik und Wirtschaft zum Handeln zwingt. Sie sind nicht mehr einfach nur Aktivisten, sondern «Changemaker», eine Bewegung, die die Welt verändert.

Eine Soziologin, die sich seit Jahren intensiv mit den Jugendbewegungen beschäftigt, ist Martina Gille vom Deutschen Jugendinstitut in München. Sie hat in eigenen Studien und durch Auswertung der Allgemeinen Bevölkerungsumfrage der Sozialwissenschaften, die sogenannten Allbus-Erhebungen, festgestellt, dass es eine «bemerkenswerte politische Mobilisierung» unter den jungen Menschen gibt. Von wegen apathische Jugend!

Was haben wir nicht alles gehört über eine ichzentrierte, verzogene und allseits verwöhnte Generation, die nur an das nächste Selfie denkt. Ist die Generation Z vielleicht ganz anders als allgemein angenommen? Interessiert sie sich womöglich mehr für die großen Schicksalsfragen der Menschheit als für die Inszenierung ihrer kleinen Welt auf Instagram? Oder dienen die Demonstrationen und Proteste nur als Hintergrund und Staffage für ihre Social-Media-Auftritte? So lautet zumindest ein häufig vorgebrachter Vorwurf der Altvorderen. Die Freitagsdemo als reine Folklore? So einfach ist es sicher nicht, auch wenn eine Portion «Happening» dazugehört, wie der Leiter der Stiftung für Zukunftsfragen in Hamburg, Ulrich Reinhardt, vermutet: «Man ist mit anderen bei einer Aktion – und das ist für viele attraktiver, als zur Schule zu gehen.»

Nicht anders war es, als die heute Fünfzig- oder Sechzigjährigen früher gegen Atomwaffen in Europa auf die Straße gingen, gegen Atomenergie und Waldsterben, gegen den Irakkrieg oder die Landebahn West am Frankfurter Flughafen. «Natürlich spielt das auch heute für die junge Generation eine Rolle bei ihren Aktionen.» Trotzdem ist sich Ulrich Reinhardt sicher: «Wir haben jetzt eine Generation, die politisch interessierter ist als noch die Generation davor. Sie sind bereit, Verantwortung zu übernehmen, verlassen sich nicht auf die Elterngeneration, sind pragmatisch und idealistisch zugleich.» Es wächst hier die erste politisch aktive Generation seit den Achtundsechzigern heran.

All dies wäre undenkbar ohne Malala, das «Schulmädchen

aus Pakistan». Mit ihr muss ein Buch über die Rebellinnen im 21. Jahrhundert beginnen. Ohne ihr Schicksal, das die Welt erschüttert hat, hätte die Bewegung junger Mädchen kaum derart Fahrt aufgenommen. Sie ist das Vorbild, das Role Model dieser Generation.

Malala Yousafzai wird 1997 in den Bergen Pakistans geboren, unweit der Hauptstadt Islamabad. Dort gibt es zu der Zeit einige Mädchenschulen, was ziemlich ungewöhnlich ist für ein Land, in dem die Bildung von Mädchen ganz weit unten auf der Agenda steht. Noch ungewöhnlicher ist die Persönlichkeit von Malalas Vater, einem Feministen, der vor ihrer Geburt eine solche Schule im Swat-Tal gegründet hat und leitete. Für ihn ist es selbstverständlich, dass auch seine Tochter zur Schule gehen und lernen soll. Dass Malala dies will, ist offenkundig. Das Mädchen ist wissbegierig und eifrig, sie liest viel und bekommt gute Noten. Wie viele andere Mädchen auch. Dann aber erobern die Taliban die Region und übernehmen die Kontrolle. Die islamistischen Kämpfer verbannen die Mädchen aus den Schulen. Bildung ist in ihren Augen nur etwas für Jungs. So habe Allah das im Koran vorgeschrieben. Die Mädchen dürfen nur mehr mit einem Schleier aus dem Haus gehen.

Malala wehrt sich. Sie will weiter lernen, die Schule besuchen. So wie die Jungs in ihrem Ort auch. Malala schreibt für die britische BBC einen Internetblog, das «Tagebuch eines pakistanischen Schulmädchens», über ihre Ängste und den Alltag unter der Herrschaft der Taliban. Darin notiert sie so gefährliche Dinge wie: «Für meine Brüder ist es einfach, über die Zukunft nachzudenken. Sie können alles werden, was sie wollen. Aber für mich ist das hart, und deswegen will ich zur Schule gehen und selbst bestimmen, was ich will.» Ohne Schule, das ist ihr klar, würde sie keinen guten

Beruf ergreifen können, sondern sich fügen müssen in das von den Islamisten vorgesehene Bild: früh heiraten, kochen und Kinder bekommen. «Ich wollte nicht, dass mein Leben so wird.» Den Blog schreibt Malala unter dem Pseudonym «Kornblume», niemand weiß anfangs, wer dahintersteckt, wer dieses Schulmädchen aus Pakistan ist.

Dies bleibt so bis zum Jahr 2009, als die pakistanische Armee die Taliban vertreibt. Malala ist zu diesem Zeitpunkt zwölf, die Befreiung macht ihr Mut. Von da an spricht sie offen im Fernsehen über das Recht auf Bildung. Sie gibt Zeitungen Interviews und hält Vorträge. Sie wagt das vorher Undenkbare und erhebt sich öffentlich gegen die Diskriminierung, organisiert Proteste gegen die Schließung von Mädchenschulen. Jetzt weiß jeder im Land, wer sie ist: für die einen eine Heldin, für die anderen eine gottlose Aufwieglerin.

Ihr Gesicht steht für den Kampf junger Frauen um Gleichberechtigung und Bildung. 2011 wird ihr sogar der Jugendfriedenspreis der pakistanischen Regierung verliehen. Doch Malala ist bewusst, in welche Gefahr sie sich begibt. Sie hat Angst, sagt sich aber zugleich: «Die Taliban erschießen keine kleinen Mädchen.» Das wird ihr zum Verhängnis.

Als sie am 9. Oktober 2012 mit Freundinnen im Schulbus nach Hause fährt, wird dieser von bewaffneten Männern angehalten und gestürmt. «Wer ist Malala?», fragen sie. Keines der Mädchen antwortet, aber einige blicken Malala an und verraten sie so unabsichtlich. Da schießen die Terroristen der Schülerin aus nächster Nähe in den Kopf. Auch zwei Freundinnen werden angeschossen.

Nur durch ein Wunder überlebt Malala das Attentat. Tagelang kämpft die Fünfzehnjährige in einem pakistanischen Militärkrankenhaus um ihr Leben, danach wird sie in ein auf Schusswaffenverletzungen spezialisiertes Militärhospital in Birmingham verlegt. Ihre Geschichte geht damals um die ganze Welt.

An ihrem sechzehnten Geburtstag hält die Genesene wieder eine Rede, diesmal in New York vor den Vereinten Nationen, es ist der 12. Juli 2013. Die Taliban hätten es nicht geschafft, ihr den Mut zu nehmen, sagt sie. Und sie werde weiter dafür kämpfen, dass Mädchen auf der ganzen Welt zur Schule gehen dürfen. Ein Jahr später wird ihr der Friedensnobelpreis verliehen, als jüngste Ausgezeichnete in der Geschichte.

In der Folge schreibt Malala eine Autobiographie, gründet eine Stiftung und studiert in England. Pakistan ist zu gefährlich für sie und ihre Familie. Die Taliban drohen immer wieder damit, sie umzubringen, sollte sie in die Heimat zurückkehren. «Ein Kind, ein Lehrer, ein Buch und ein Stift können die Welt verändern», sagte sie in New York. Das ist nicht viel. Und macht doch für jedes einzelne Kind einen gewaltigen Unterschied. So wie für sie selbst.

Malala wurde zur ersten Rebellin, die es zu weltweiter Berühmtheit brachte. Ohne sie sind die Gretas, Emmas, Payals, Memorys und Naomis nicht denkbar. Ihr Schicksal hat gezeigt, dass niemand zu klein, jung und unbedeutend ist, um etwas zu bewegen. Dass es sich lohnt loszulaufen, anzufangen, auch wenn man nur ein unscheinbares Schulmädchen aus Pakistan ist. Allerdings hätte Malala ihr Aufstieg zum berühmten Vorbild um ein Haar das Leben gekostet.

Dank Twitter und Co. geht der Aufstieg zur Teenie-Heldin heute rasend schnell. Zwischen Greta Thunbergs einsamem Schulstreik, den sie am 20. August 2018 vor dem Schwedischen Reichstag in Stockholm begann, und ihrer Einladung, Anfang Dezember 2018 auf der UN-Klimakonferenz in Katowice zu sprechen, lag kaum mehr als ein Vierteljahr.

An einem kalten Wintertag Ende Februar 2020 kommt es in Großbritannien zum Treffen der zwei jungen Rebellinnen, nur wenige Tage bevor die Welt die Wirtschaft runterfährt, Läden, Fabriken, Schulen geschlossen werden, der Flugverkehr eingestellt wird. Es sind die Tage, als das Coronavirus Europa erreicht, die Länder ihre Grenzen schließen und ihre Bewohner in die Isolation zwingen. «Social Distancing» ist das Schlagwort der Stunde, als Covid-19 von der Weltgesundheitsorganisation zur Pandemie erklärt wird. Sie sitzen auf einer Holzbank in Oxford und reden. Malala ist inzwischen Anfang zwanzig und studiert an der renommierten Universität. Sie trägt einen dunklen Wollblazer, eine elegante dunkle Hose, ein beiges Kopftuch lose über das schwarze Haar geschlungen. Die Jüngere neben ihr mit langem Zopf und lila Steppmantel drängt sich eng an sie heran. Schmächtig ist die Teenagerin aus Schweden und ziemlich blass, aber sichtlich stolz. Sie wirkt wie zwölf, ist aber siebzehn Jahre alt. Nach dem Treffen postet Greta Thunberg auf Twitter: «So ... today I met my role model. What else can I say? @Malala». Zwei starke Mädchen haben sich gefunden.

Streng genommen gibt es für Greta ein noch früheres Vorbild: Severn. Man könnte sie auch die «Ur-Greta» nennen, wenn das nicht so komisch klänge. Severn war gerade einmal zwölf Jahre alt, als sie im Jahr 1992 auf der UN-Klimakonferenz in Rio de Janeiro sprach, in einer Zeit, in der Erwachsene es noch nicht gewohnt waren, sich von wütenden Kindern die Leviten lesen zu lassen und dabei brav zu lächeln. Genau das aber tat zum allgemeinen Erstaunen Severn Cullis-Suzuki, die daraufhin bekannt wurde als «das Mädchen, das die Welt zum Schweigen brachte» – zumindest für die sechs Minuten, in denen man ihr zuhörte.

Severn, Malala, Greta – drei Teenies, die in einem

zeitlichen Abstand von fast dreißig Jahren mutig den Mächtigen die Stirn bieten, was bedeutet: Sie stellen sich Männern entgegen. Daran hat sich in all der Zeit wenig geändert. Noch immer sind es, von Ausnahmen abgesehen, Männer, die den Ton angeben, sei es in Politik, Wirtschaft oder Wissenschaft. Frauenbewegung samt Quote haben auf diesem Feld erschreckend wenig erreicht.

Ganz anders ist das Bild bei den Teenie-Aktivisten: Hier haben vor allem Mädchen das Sagen. Nicht nur Greta. Zu ihr gesellen sich Emma González und Naomi Wadler in Washington, die Wijsen-Schwestern auf Bali und Natasha Mwansa in Sambia. Und ja: Es gibt tatsächlich mehr Anführerinnen, die die Welt aufrütteln, als in ein Buch passen.

Zwar sitzen diese Rebellinnen weder in den Vorstandsetagen, noch bekleiden sie ein politisches oder sonstiges offizielles Amt, aber sie erobern einen Raum, der bislang ebenso stark männlich geprägt und dominiert war: den der öffentlichen Rede. So verschaffen sie sich Gehör.

«Frauen und Macht» lautet der Titel eines schmalen Bändchens der englischen Historikerin und Feministin Mary Beard, die in Cambridge unterrichtet. Es ist 2017 erschienen und behandelt das historische und kulturelle Schweigen der Frauen. Mary Beard sieht eine «kulturell heikle Beziehung zwischen der Stimme von Frauen und der öffentlichen Sphäre der Reden, Debatten, Stellungnahmen». Stößt es nicht bis heute negativ auf, wenn Frauen laut werden? Wenn ihre dünnen Stimmen ins Schrille kippen? Wie angenehm wirkt dagegen der dunkle männliche Tenor. Das Problem ist weniger banal, als man meinen möchte, und geht weit zurück in der westlichen Kultur, bis zu Homers «Odyssee». Schon da fährt der junge Telemachos seine Mutter Penelope an: «Die Rede ist Sache der Männer», sie solle

sich um ihre eigenen Sachen, nämlich Spindel und Web-
stuhl, kümmern. Daran hatte sich in dreitausend Jahren Geschichte wenig geändert – bis jetzt.

Nun drängen die Mädchen laut und schrill in die öffentliche Sphäre, ohne Rücksicht auf ihre Tonlage. Ohne
klassische Hosenanzüge der Frauen im Management, die
sich auf dem Weg in die Chefetagen den Gepflogenheiten
der Männer angepasst haben. Und natürlich gibt es genügend Männer, die die Mädchen am liebsten stoppen würden,
sie lächerlich zu machen versuchen, sie nicht ernst nehmen – vom US-amerikanischen Präsidenten Donald Trump
bis zum italienischen Populisten Matteo Salvini. Von ihnen
wird später noch zu lesen sein.

Dies ist kein Buch, das sich aus Gründen des feministischen Geschlechterkampfes auf Mädchen konzentriert.
Nein, auch junge männliche Rebellen spielen eine Rolle,
doch sind sie in der Minderheit. Wer die Welt zeigen will,
wie sie ist, stellt fest: Die Anführer von morgen sind vor allem Mädchen.

Es ist kein Zufall, dass es plötzlich so viele Mädchen
gibt, die massenhaft Anhänger hinter sich scharen und
zum Sprachrohr ihrer Generation werden. Es hat viel mit
dem neuen Rollenverständnis der Generation Z zu tun, damit, dass sie mit digitalen Medien aufgewachsen sind, die
sie über die Landesgrenzen hinweg miteinander verbinden.
Und es hat etwas mit dem Ursprung ihrer Protestbewegung
zu tun – dem Klimawandel. Nicht alle Rebellinnen werden
durch den Klimawandel motiviert. Ihr Protest richtet sich
gegen alle möglichen Missstände, gegen Kinderehe, Diskriminierung. Sie kämpfen für die Rechte von Minderheiten,
ein selbstbestimmtes Leben. Aber der Klimawandel steht
am Anfang, er ist der Ausgangspunkt des Aufbegehrens der

Jugend gegen die Welt. Er hat der Jugend mit Greta Thunberg eine Stimme gegeben.

Viele sehen darin den Anfang einer neuen großen Jugendbewegung. Zum letzten Mal hat es einen solchen Aufruhr in den sechziger Jahren gegeben, als die Jungen gegen die Aufrüstung und den Vietnamkrieg auf die Barrikaden gingen. In Deutschland richtete sich der Protest gegen Alt-Nazis mit ihren bruchlosen Karrieren und das große Schweigen der Elterngeneration über die Gräuel der Hitlerzeit. Das befeuerte den Protest der Achtundsechziger, verhärtete die Fronten zwischen den Generationen.

«In Amerika hat der Vietnamkrieg als Trigger fungiert, um eine ganze Generation zu radikalisieren», erläutert der Politikwissenschaftler Stephen Zunes von der University of San Francisco. «Der Klimawandel – fünfzig Jahre später – macht gerade genau das Gleiche mit den jungen Menschen.»

Das Erstaunliche, verglichen mit der früheren Außerparlamentarischen Opposition: Der Protest gegen den Klimawandel ist nicht nur weiblich. Er ist auch bunt. Noch nie sind so viele schwarze und indigene Mädchen auf die Straße gegangen. «Hier passiert etwas Außergewöhnliches», sagt die amerikanische Soziologin Dana Fisher von der University of Maryland. «Wir haben es mit einer neuen Protestwelle innerhalb der Gesellschaft zu tun, die von jungen Frauen angeführt wird.»

Fisher hat die Klimastreiks in Amerika genauer untersucht und dabei festgestellt: Sie werden zu 68 Prozent von Frauen organisiert, auch die Teilnehmer sind überwiegend (fast zu 60 Prozent) Frauen und Mädchen. Mehr als ein Drittel der Demonstrantinnen sind People of Color. Dies deckt sich mit den Ergebnissen einer Erhebung, die die Kaiser Family Foundation zusammen mit der Zeitung «Washington Post» durchgeführt hat. 46 Prozent der befragten Mädchen gaben an, dass für sie persönlich der Klimawandel «sehr wichtig» sei. Bei den Jungs galt das nur für 23 Prozent. «Die weiblichen Anführerinnen erobern sich nun eine Domäne, die traditionell von weißen Männern besetzt ist», sagt Dana Fisher. Das macht sich inzwischen auch in den Berufsfeldern bemerkbar. Immer mehr junge Frauen drängen in Nichtregierungs- und Umweltorganisationen und übernehmen dort Führungspositionen, wie eine Studie der «Green Diversity Initiative» belegt.

Das starke umweltpolitische Interesse junger Frauen liegt vermutlich darin begründet, dass Frauen vom Klimawandel besonders stark betroffen sind. In vielen Regionen tragen Frauen traditionell die Verantwortung für die Versorgung der Familien. Untergehende Inseln, dürregeplagte Savannen, überschwemmte Felder und Häuser – all diese klimatischen Verwerfungen bedrohen die Existenz von Familien. Zudem, so lauten die Schätzungen der Vereinten Nationen, sind unter denen, die aufgrund klimatischer Folgen gezwungen sind, ihre Heimat zu verlassen, 80 Prozent Frauen. Hinzu kommt das neue Rollenverständnis der jungen Generation. Bewegungen wie «Black Lives Matter», der «Women's March» im Januar 2017 und die «Me Too»-Welle haben die öffentliche Debatte geprägt, die Gesellschaft aufgerüttelt und insbesondere junge Menschen sensibilisiert und zum Nachdenken gebracht; Diskriminierung, Machtmissbrauch und Übergriffe wurden zu wichtigen Themen.

Die Meeresbiologin Ayana Elizabeth Johnson ist sich sicher, dass «Black Lives Matter», der Protest nach verschiedenen brutalen Polizeiübergriffen gegen Schwarze, und «Me Too», die Bewegung gegen sexuelle Belästigungen nach den Vergewaltigungsvorwürfen gegen den Filmproduzenten

Harvey Weinstein, die Türen für weibliche Führungspersönlichkeiten geöffnet haben. «Sie haben Platz geschaffen für neue Stimmen.» Die Naturwissenschaftlerin Johnson selbst ist neununddreißig Jahre alt und schwarz, hat das Urban Ocean Lab gegründet und ist eine dieser neuen, wenn auch nicht ganz jungen Stimmen in der New Yorker Klimabewegung. Das Klima, so meint sie, sei das verbindende Element zwischen den Menschen, die aus den unterschiedlichsten Gründen wachgerüttelt würden. Umweltschützern sei bewusst, dass Diversität kein «Nice-to-have» ist, sondern eine notwendige Voraussetzung, um zu gewinnen. Alle müssen sich zusammentun.

Herkunft definiert sich in dieser Generation neu, Hautfarbe oder ethnischer Hintergrund spielen erstmals eine untergeordnete Rolle, sie bestimmen nicht das Selbstbild. Es tritt die erste Generation junger Frauen und Männer auf den Plan, die sich über Landesgrenzen und Kontinente hinweg miteinander verbindet. Sie stehen zusammen in ihrem Kampf gegen den Klimawandel. Ihr Protest ist globaler Natur. Die blondbezopfte Schwedin Greta Thunberg wird in Europa genauso umjubelt wie von ihren Mitstreiterinnen in Südamerika und Afrika.

In Amerika dagegen wird die jugendliche Klimabewegung von schwarzen Mädchen wie Isra Hirsi getragen. Die Tochter der Politikerin Ilhan Omar von der Demokratischen Partei verstand sich zunächst als schwarze, muslimische Aktivistin mit Wurzeln in Somalia und tat sich erst später im «Youth Climate Strike»-Komitee hervor. Die von Teenagern geführte Umweltbewegung «Zero Hour» hat Jamie Margolin, eine Schülerin mit lateinamerikanischen Wurzeln, ins Leben gerufen. Und als Greta Thunberg im September 2019 nach ihrer Atlantiküberquerung auf einem Segelboot in New

York ankam, um dort vor dem UN-Hauptquartier zu protestierten, wurde sie offiziell in Empfang genommen von der vierzehnjährigen Latina Alexandria Villaseñor, Gründerin von «Earth Uprising», sowie Xiye Bastida, Jahrgang 2002, mit mexikanisch-chilenischen Wurzeln vom Stamm der Otomi-Toltec. Schon Monate vorher hatten sie sich über die sozialen Medien vernetzt und ausgetauscht. Fragt man die Jungaktivistinnen, warum es vor allem Mädchen sind, die die Klimabewegung vorantreiben, so antworten sie wie Alexandria Villaseñor: «Vielleicht können Frauen Dinge wahrnehmen, die Männer nicht sehen. Und vielleicht vertrauen wir eher darauf, dass wir den Wandel schaffen können, als Männer.»

Gemeinsam ist den jungen Anführerinnen eine eher bürgerliche Herkunft. Es ist nicht der Protest der ganz Armen, der Abgehängten oder Bildungsfernen. Viele der Rebellinnen wachsen in finanzieller Sicherheit auf, stammen aus Elternhäusern, in denen Bildung einen hohen Stellenwert hat. Viele ihrer Eltern waren oder sind selbst in Umwelt- oder Protestbewegungen aktiv oder unterstützen den Aufruhr der Kinder zumindest.

Der ähnliche familiäre Hintergrund übernimmt in der Generation eine wichtige verbindende Funktion: Sarah Hadj Ammar zum Beispiel, eine Würzburger Studentin der Biomedizin im ersten Semester, die seit Jahren bei «Plant-for-the-Planet» aktiv ist, sagt über ihre Generation in einem Zeitungsinterview: «Dass viele von uns noch zu jung zum Wählen sind, heißt nicht, dass wir keine Meinung haben und keine Hoffnung.» Sie empfindet eine natürliche Nähe, Loyalität und Bindung zu Gleichaltrigen – egal wo sie leben. Als sie für «Plant-for-the-Planet» zehn Wochen in Mexiko war, hat sie dort bei «Freunden» gewohnt, mit denen sie seit Jahren in Kontakt steht, zum Teil ohne sie je persönlich getroffen zu haben. «Es gibt ein globales Bewusstsein und Verbindungen zu weit entfernten Menschen», sagt sie. Das gebe ihrer Generation «Motivation». Experten bestätigen diesen Punkt. «Die junge Generation spricht mit einer Stimme, und das global», sagt der Zukunftsforscher Ulrich Reinhardt. Die Teilnehmer der Protestwellen seien sich über die Grenzen hinweg recht ähnlich, was Bildung und sozialen Hintergrund angehe. «Die Unterschiede zwischen armen und reichen Stadtteilen in Deutschland sind bisweilen größer als zwischen Mittelstandskindern in den Metropolen weltweit.»

2.

REBELLINNEN
ODER
INFLUENCERINNEN?

G reta Thunberg hat es im Jahr 2019 als «Mensch des Jahres» auf das Cover des amerikanischen «Time»-Magazins geschafft. Die Jury war der Meinung, dass niemand anderes auf der Welt in dem Jahr einflussreicher und wichtiger gewesen sei als die siebzehnjährige Schülerin aus Schweden, die zum Schulstreik gegen das Klima aufgerufen hat.

Der Titel für die wirkmächtigsten Persönlichkeiten des Jahres wird seit bald hundert Jahren verliehen, genau genommen seit 1927. Preisträger sind für gewöhnlich Würdenträger, Päpste und Regierungschefs, hin und wieder aber auch herausragende Wissenschaftler, Unternehmer oder Künstler. Neben zahlreichen US-Präsidenten in jener Zeitspanne wurden Mark Zuckerberg, Bill und Melinda Gates, Bono von U2, Michail Gorbatschow, Lech Wałęsa und Nelson Mandela ausgezeichnet, wobei der «Mensch des Jahres» nicht zwangsläufig ein guter Mensch sein muss. Auch üble Tyrannen und Diktatoren wie Josef Stalin und Adolf Hitler waren auf dem «Time»-Cover sowie 1982 «der Computer» und 1988 «die bedrohte Erde». Frauen spielten für die Jury bislang kaum eine Rolle, nur eine Handvoll weiblicher Persönlichkeiten wie Angela Merkel und Malala wurde geehrt, Minderjährige schon gar nicht. Bis Greta Thunberg kam.

Wie also bemisst sich Einfluss? Was ist wichtig? Und warum geht es in diesem Buch nicht um junge «Influencerinnen», die ebenfalls Millionen von Followern in den sozialen Medien erreichen, hinter sich scharen und starken Einfluss auf sie ausüben?

Um zu verdeutlichen, wer das Zeug zur Rebellin hat, möchte ich Michelle Obama zu Wort kommen lassen. Die Ehefrau des früheren amerikanischen Präsidenten hat sich in Bezug auf ihre Töchter einmal sehr treffend geäußert. Barack Obama selbst hat die Auszeichnung von «Time» als einflussreicher Mensch im Jahr 2008 und 2012 erhalten. Michelle Obama selbst taucht regelmäßig in den einschlägigen Listen der «einflussreichsten Frauen» der Welt auf, ohne je selbst ein Amt bekleidet zu haben, das dem Titel gerecht würde. Aber es ist klar: Michelle Obama ist eine politische Stimme, als Ehefrau des Präsidenten war sie auch dessen Beraterin, ihre Meinung hatte Gewicht bei seinen politischen Entscheidungen, ob gewollt oder ungewollt. Und viele sagen: Würde Michelle Obama für die Demokraten zur nächsten Präsidentschaftswahl antreten, so würde sie gewinnen. Ihr Buch «Becoming» hat sich dreizehn Millionen Mal verkauft, wurde in fünfundvierzig Sprachen übersetzt und von Netflix als Dokuserie verfilmt. Was Michelle Obama tut, was sie schreibt, was sie sagt, erregt Aufsehen, nicht selten in der ganzen Welt. Wenn sie sich für etwas einsetzt, so hat das Konsequenzen. Sei es ihr Engagement für gesunde Ernährung und ihr Gemüsegarten, sei es ihre Unterstützung im Fall posttraumatischer Störungen bei US-Kriegsveteranen oder ihr Einsatz für die Bildungschancen von Mädchen. Alles, was Michelle Obama anfasst, beeinflusst Menschen weltweit. Das weiß sie, das setzt sie bewusst und gezielt ein.

Im Jahr 2014 tauchten auch die Töchter Malia und Sasha unter den «25 Most Influential Teens» im «Time»-Magazin auf. Das fand die Mutter «funny». Denn sie sah dafür keinerlei Qualifikation. «Sie sind nicht einflussreich», sagte sie in einem Interview. «Die leben hier nur.»

Was allerdings ihren Kleidungsstil angeht, kann man die beiden Präsidententöchter durchaus als Influencerinnen bezeichnen. Während ihres Lebens im Weißen Haus wurde jeder ihrer Auftritte ausgiebig in der Fashionwelt kommentiert – die Länge der Kleider, der Schnitt, die Farben, der Preis. Das hat sich auch nicht geändert, seit Barack Obama sein Amt abgegeben hat und die Töchter zu Praktika und Studium ausschwirrten. Ob sie in Dr.-Martens- oder Nike-Schuhen abgelichtet werden, spielt nach wie vor eine große Rolle für die Modewelt, die Marken und die Instagram-Anhängerinnen der Mädchen. Es ist aber nichts, was die Welt verändert. Die beiden Mädchen geben gar nicht erst vor, dass sie damit die Welt besser machen wollen, sie wollen auf keinen Missstand hinweisen, nicht einmal ein Statement abgeben, außer vielleicht dem, dass sie – obwohl Präsidententöchter – einfach nur «ganz normale» Mädchen sein wollen. Michelle Obama sagt deshalb völlig zu Recht über sie: Die Wahl auf die «Time»-Liste wundere sie. «Sie haben nichts getan, um Einfluss zu erlangen.»

Es reicht nicht, Influencerin mit einer halben Million oder mehr Followern zu sein, über Mode, Lifestyle oder Beauty zu posten. Auch nicht, wenn man dabei zu politischen Themen Stellung bezieht. Wenn das «Time»-Magazin die Selfmade-Milliardärin Kylie Jenner, geboren 1997, und ihre Schwestern mit Verweis auf ihren erheblichen Einfluss auf Teenager in den sozialen Medien ebenfalls zu den einflussreichsten Jugendlichen der Welt zählt, mag das gerechtfertigt sein. Schließlich gehört Jenner mit mehr als hundert Millionen Followern zu den zehn meistgefolgten Personen auf Instagram (Präsident Donald Trump hat achtzig Millionen), sie ist aber in erster Linie Model, Celebrity und Unternehmerin (Kylie Cosmetics) und keine politische Aktivistin.

Auch Hollywood-Stars sind keine Rebellen, über die hier berichtet werden soll, wenngleich viele von ihnen ihren Einfluss auf ihre Follower nutzen, um auf Missstände hinzuweisen; zudem engagieren sich etliche von ihnen gegen Klimawandel oder Rassismus. Aber sie sind in erster Linie Schauspieler, bewirtschaften ihren Ruhm und nutzen ihre Bekanntheit als Celebrity zwischendurch, um darüber hinaus etwas Gutes zu tun. Gepaart mit der Intention, durch positive Presse ihre Karriere weiter zu beflügeln.

Unsere Rebellen dagegen sind in der Regel Unbekannte, No-Names, und erlangen allein dadurch Bedeutung, dass sie sich aktiv für ein bestimmtes Anliegen einsetzen. Und zwar nicht durch Teilhabe am politischen Prozess, sondern durch öffentlichen Druck, den sie durch Demonstrationen, Petitionen und andere Kampagnen oder auch wissenschaftliche Erfindungen erzeugen. Durch Zusammenschluss vieler Aktivisten entsteht eine Bewegung. Wie groß und wie durchsetzungsstark die «Teen Rebels» sein werden, ist noch nicht ausgemacht. Sie stehen ja erst am Anfang.

Der Philosoph Karl Popper hat Aktivismus einst als «die Neigung zur Aktivität und die Abneigung gegen jede Haltung des passiven Hinnehmens» beschrieben. Das trifft es genau: Jede unserer Rebellinnen hat sich aufgebäumt gegen die Haltung des Hinnehmens. Des Weguckens. Des Erduldens. Jede von ihnen ist aktiv geworden, um etwas zu verändern. Um einzugreifen. Und hat dabei in bemerkenswerter Art und Weise Haltung gezeigt.

Das «Time»-Magazin begründete die Auszeichnung von Greta Thunberg damit, dass sie eine globale Bewegung angestoßen habe. «In nur sechzehn Monaten seit Beginn ihres

‹Schulstreiks für das Klima› hat sie sich an die Staatschefs der Vereinten Nationen gewandt, sich mit dem Papst getroffen, mit dem Präsidenten der Vereinigten Staaten gestritten und vier Millionen Menschen dazu bewogen, sich am 20. September 2019 einem globalen Klimastreik anzuschließen, der die größte Klimademonstration der Menschheitsgeschichte war.»

Was also hat Greta Thunberg, was andere nicht haben, was Millionen von Menschen mitreißt, aufrüttelt oder auch empört?

3.

GRETA THUNBERG: HELDIN EINER GANZEN GENERATION

GRETAS EINSAMER KLIMASTREIK

D ie Geschichte vom Mädchen, das auszieht, die Welt zu retten, und es dafür mit den Mächtigen aufnimmt, beginnt im 21. Jahrhundert im hohen Norden Europas. Dort, im Königreich Schweden, setzt sich Greta Thunberg am 20. August 2018 vor den Stockholmer Reichstag. Es ist der erste Schultag nach den Sommerferien. Der Sommer war heiß. Viel zu heiß. Eine regelrechte Hitzewelle hat in Schweden die Wiesen verdorren lassen, Waldbrände lodern nahe der Hauptstadt. Es ist einer dieser Sommer, in denen sich die Menschen fragen: Was ist dran am Klimawandel, was geschieht mit der Erde, und inwiefern kann der Mensch die Erderwärmung beeinflussen und stoppen?

An jenem 20. August hockt die sechzehnjährige Schülerin Greta ganz allein vor dem Gebäude des schwedischen Parlaments. Vor sich ein selbstgebasteltes Plakat mit den Worten: «Skolstrejk för klimatet», Schulstreik für das Klima. Ihre Freundinnen hatten keine Lust gehabt mitzukommen.

Greta Thunberg hält einsam die Stellung. Sie sitzt da von acht Uhr morgens bis nach Mittag, drei Wochen lang, jeden Tag. Ihr umtriebiger Vater hat Umweltaktivisten über den ersten Streiktag seiner Tochter informiert, so erfuhr Ingmar

Rentzhog von der Aktion. Der ehemalige Finanzmanager und Gründer des Klimanetzwerks «We don't have time» schickt einen Kollegen, der Gretas Protest fotografiert. Von dem Bild, so erzählte Rentzhog später einer Reporterin der «Welt am Sonntag», sei eine enorme Strahlkraft ausgegangen. «Das hatte etwas Ikonisches.»

Der Mann sollte recht behalten. Kaum stellen sie das Foto auf Facebook, geht es sofort viral. Kurz darauf berichten die schwedischen Zeitungen von dem einsamen Mädchen mit den geflochtenen Zöpfen und seiner Mission. Ein paar Tage später stoßen die ersten anderen Schüler dazu. Dann immer mehr. Auch in anderen Orten und Ländern. Jugendliche formieren sich über soziale Netzwerke zu der Bewegung «Fridays for Future». Mitte Dezember dann spricht Greta vor den UN-Vertretern auf der Klimakonferenz im polnischen Katowice. Ein sensationeller Wandel für eine Jugendliche, die über sich selbst sagt: «Ich war das unsichtbare Mädchen, das in der letzten Reihe saß.»

Ein paar Dinge waren entscheidend für Gretas rasanten Aufstieg zur Ikone einer Jugendbewegung. Ihre Familie spielt dabei eine wichtige Rolle, auch ihr Asperger-Syndrom, ein Film über eine Müllinsel vor der chilenischen Küste und ein amerikanischer Klimaaktivist namens Stuart Scott.

Fangen wir von vorne an, in der Familie: Die Eltern von Greta sind in Schweden keine Unbekannten. Vater Svante ist Musikproduzent, die Mutter Opernsängerin. Sie tourte mit Mann und den beiden Töchtern jahrelang von Engagement zu Engagement um die Welt. Svante stellte die eigene Karriere hintan und managte seine Frau. Malena Ernman vertrat Schweden im Jahr 2009 beim Eurovision Song Contest. Danach war sie im Land in etwa so bekannt wie die Sängerin Lena Meyer-Landrut in Deutschland. Ein paar Jahre später wurde es der Mutter zu viel. Der ganze Rummel, das ständige Herumreisen, die Engagements in einer immer neuen Umgebung, die Entwicklung der beiden Töchter, die zunehmend zum Problem wird. Gretas Mutter entdeckt das Klima als Thema für sich, hadert mit ihrem Lebensstil, vor allem mit den vielen klimaschädlichen Flugreisen, die sie beruflich Jahr für Jahr zurücklegt. Das Thema gewinnt in der Familie immer mehr an Bedeutung.

Mit acht Jahren hört auch Greta erstmals vom Klimawandel. Sie fängt an, zu Hause Energie zu sparen, löscht ständig das Licht. Der Vater erinnert sich: «Ich habe das Licht hinter ihr wieder angemacht. Ich meine: Wir leben in Schweden, hier ist es ganz schön oft dunkel.» Greta löscht weiter das Licht. Nur weil es dunkel ist – das lässt sie als Argument nicht gelten.

Greta entpuppt sich früh als ein besonderes Mädchen mit einem fotografischen Gedächtnis, geringem Empathievermögen und sehr ausgeprägtem selektivem Geist, der sich auf ein, zwei spezielle Themen konzentriert. Daneben gibt es für sie nichts anderes mehr. Nur Schwarz oder Weiß. Nichts dazwischen. Sie macht den Eltern viele Vorwürfe wegen ihres Lebensstils, wegen des Widerspruchs zwischen dem, was sie sagen und für richtig halten, und ihrem Handeln.

Für die Familie ist das sehr anstrengend. Für Greta auch. Mit elf hört sie auf zu essen, hungert sich fast zu Tode. Die Ärzte diagnostizieren das Asperger-Syndrom, eine leichte Form des Autismus. In «Szenen aus dem Herzen – unser Leben für das Klima», dem Buch, das die Mutter zusammen mit Vater und Töchtern über die Motivation der Familie geschrieben hat, schildert sie die Situation so: «Unsere Tochter verschwindet in eine Art Dunkelheit und hört quasi auf zu funktionieren. Sie hört auf, Klavier zu spielen. Sie hört auf zu lachen. Sie hört auf zu reden.» Und zu essen. Für ein Drittel Banane braucht Greta nun dreiundfünfzig Minuten. Für fünf Gnocchi zwei Stunden zehn Minuten. Die Eltern sitzen hilflos daneben und beten für jeden kleinsten Happen, den ihre schwerst magersüchtige Tochter hinunterwürgt. Erst als Greta vor der Einweisung in eine Klinik und der Zwangsernährung steht, entscheidet sie sich, wieder zu essen.

Für die Familie ist von da an nichts mehr, wie es war. Greta übernimmt das Regiment. Die Tochter kann es nicht ertragen, dass die Mutter so viel fliegt. Ohne Fliegen aber kann diese ihre Arbeit im Showbetrieb nicht ausüben, keine Rollen annehmen. Also gibt sie ihre Karriere auf. «Greta wurde zur Anführerin, und wir sind ihr gefolgt», sagt die Mutter. «I brainwashed them», sagt Greta selbst. Nach der Gehirnwäsche lebt die Familie ohne Fleisch und Milch, ohne Flüge, ohne Weihnachtsgeschenke. Der Konsum wird auf das Wesentlichste reduziert. Der Vater begleitet sie später zu ihren Protestaktionen, «wie andere Eltern ihre Kinder zum Sport bringen».

Für Gretas Klimastreik fehlt nur noch der Auslöser. Dieser kommt eines Tages in der Schule, als eine Lehrerin einen Film über die Verschmutzung der Meere zeigt. Als Greta eine schwimmende Insel aus Plastikmüll im südlichen Pazifik sieht, bricht sie in Tränen aus. Auch andere Schüler zeigen sich schockiert über das Ausmaß der Vermüllung. Nach dem Film allerdings ist das Elend vor Chiles Küsten schnell vergessen: Die Lehrerin erzählt voller Vorfreude, dass sie in der nächsten Stunde nicht zum Unterricht komme, weil sie zu einer Hochzeit nach New York fliege. Die Mitschüler schwärmen von New York und davon, wie toll man dort shoppen könne. Oder auch in Barcelona. «Und in Thailand sei alles superbillig, und irgendwer fliegt mit seiner Mutter in den Osterferien nach Vietnam.»

Greta stößt die Schwärmerei ihrer Klassenkameraden ab. Sehen sie nicht, dass ihr Lebensstil die Erde kaputtmacht? Von dem Moment an hat die Jugendliche ein klares Ziel vor Augen: Sie will die Erde retten, die Menschen missionieren, sie dazu bringen, ihr Verhalten zu ändern. Und zwar sofort. Radikal. Die junge Rebellin kennt keine Kompromisse.

Greta Thunberg hat ihre Mission, die Medien haben ihre Heldin – ein blondes Mädchen aus bekannter Künstlerfamilie, intelligent und medientauglich, dazu noch mental auffällig. Die Mischung gibt viel her für Geschichten. Die Journalistin Anette Dowideit beschreibt den Mechanismus folgendermaßen: «Wer weiß, wie Medien, auch soziale, funktionieren, ahnt, dass so eine Kombination das Publikum anzieht: Die Tochter eines Stars, bekanntermaßen mit mentaler Auffälligkeit, verbreitet eine zu Herzen gehende Mission.» In Interviews macht Greta von Anfang an keinen Hehl aus ihrer Krankheit. In ihrer Twitter-Biographie schreibt sie: «16 year old climate activist from Sweden with Asperger's».

Sie streikt im August 2018 drei Wochen lang jeden Tag. Danach kündigt sie an, freitags der Schule so lange fernzubleiben, bis Schweden seine Umweltpolitik den Grundsätzen des Pariser Klimaabkommens von 2015 anpasse. Auf der Weltklimakonferenz (COP 21) hatten die Vereinten Nationen sich verpflichtet, das Zwei-Grad-Ziel einzuhalten.

In den sozialen Medien verwendet Greta für ihre Aktion den Hashtag #FridaysForFuture. Schülergruppen in anderen Städten und Ländern greifen den Slogan später auf und schließen sich der Bewegung an. In Deutschland wird das erste Mal am 7. Dezember 2018 in Bad Segeberg gestreikt.

Der darauffolgende Streik am 14. Dezember in Kiel erlangt erstmals große mediale Aufmerksamkeit. Bald gehen Kinder in fast allen europäischen Ländern auf die Straße, der Protest schwappt auf Australien, Kanada und Japan, auf Mexiko, Chile und die Philippinen, Vanuatu und Indien über.

In Deutschland nimmt Greta Thunberg erstmals am 1. März 2019 in Hamburg an einer Demonstration teil; der Zug führt vom Gänsemarkt zur Kundgebung auf dem Rathausmarkt. Zwei Wochen später rufen die Schüler über Twitter, Instagram, Facebook zum ersten globalen Protesttag auf – in Deutschland gehen 300 000 junge Menschen auf die Straße, darunter 25 000 in Berlin, 10 300 in München, 10 000 in Hamburg. In Sydney demonstrieren 30 000 Schüler. Beim dritten Weltklimastreik am 20. September 2019 gibt es Kundgebungen in mehr als 150 Ländern, es beteiligen sich etwa vier Millionen Menschen. In New York erhalten über eine Million Schüler die Erlaubnis, dem Unterricht fernzubleiben. Bostons und Chicagos Schulen ziehen nach. Viele Mediziner stellen den Schülern ein Entschuldigungsschreiben für den Global Climate Strike aus, das sie vom Unterricht befreit, weil die Klimakrise ein Gesundheitskrisenfall sei.

An Dynamik gewinnt die «Fridays for Future»-Bewegung also im Jahr 2019. Wie aber kommt Greta schon Mitte Dezember 2018 zur UN-Klimakonferenz in Katowice? Das verdankt die Jugendliche dem amerikanischen Umweltschützer Stuart Scott, der im Herbst zufällig in Stockholm ist und dort über Ingmar Rentzhog Gretas Vater kennenlernt. Scott, ein alter Umwelt-Haudegen in seinen Siebzigern, ist seit Jahrzehnten international aktiv in der International Society for Ecological Economics und nach eigenen Angaben bei der UN «ziemlich gut vernetzt». Er besorgt für Svante Thunberg und seine Tochter zwei Tickets für die Klimakonferenz und organisiert dort eine Pressekonferenz für Greta. In der Folge wird sie schnell dazu eingeladen, auch auf anderen Veranstaltungen der Tagung zu sprechen. Sogar UN-Generalsekretär António Guterres trifft sich mit ihr und bietet ihr an, auf der Abschlusskundgebung drei Minuten vor der Generalversammlung zu sprechen. Das ist der Durchbruch für Greta Thunberg.

Im Januar 2019 setzt sie sich in den Zug zum Weltwirtschaftsforum nach Davos, wo sich an die dreitausend Mächtige der Welt treffen – Milliardäre, Manager, Staatenlenker. In diesem Jahr macht die Politik sich rar: Donald Trump sagt kurzfristig ab, ebenso die Briten, die daheim genug mit dem Brexit zu kämpfen haben. Italien, wieder einmal mitten in einer Regierungskrise, zieht die Zusage zurück, ebenso Frankreichs Premier Emmanuel Macron, der die «Gelbwesten» im Genick hat, die seit Wochen das Land lahmlegen und bei deren Protesten es zunehmend zu Randalen, Plünderungen und Brandschatzungen kommt. Bleibt der chinesische Präsident Xi Jinping, der Davos für seinen ersten großen Auftritt als Lenker einer aufstrebenden Weltmacht nutzt. Und, überraschenderweise, dieses Mädchen namens Greta, das sich zunächst draußen im Schnee platziert und dann von Veranstaltung zu Veranstaltung gereicht wird. So beehrt sie ein Diskussionsforum des Salesforce-Gründers und Milliardärs Marc Benioff und liest den Politikern und Wirtschaftsleuten die Leviten: «Unser Haus brennt», ist ihre anschließend millionenfach geteilte Kernbotschaft. Und: «Ich möchte, dass Ihr in Panik geratet.» Danach reist sie zurück nach Hause, wieder mit der Eisenbahn natürlich. Fliegen ist tabu. Zweiunddreißig Stunden braucht sie bis nach Stockholm.

EIN JUNGES MÄDCHEN ERTEILT
STAATSCHEFS LEKTIONEN

Greta Thunberg, das einsame Mädchen vor dem Stockholmer Reichstag, hat es in weniger als einem halben Jahr zu weltweiter Berühmtheit gebracht. Dabei spielten viele «gretaspezifische» Faktoren eine Rolle, unter anderem ihr Asperger-Syndrom, das ihr eine besondere Ausstrahlung verleiht, ihr zu einer Ausdauer, Rigorosität und kompletten Fokussierung auf ein einzelnes Thema verhilft, zu der die meisten Menschen nicht in der Lage sind. Außerdem hebt sie sich durch die Erkrankung von der Masse ab; Greta fasziniert die Menschen schon durch ihr Anderssein.

Trotzdem hätte die Sechzehnjährige allein nicht plötzlich Weltpolitik gemacht. «Zur Greta-Thunberg-Geschichte gehört auch dies», schreibt die Journalistin Anette Dowideit: «Ihren Aufstieg hätte es so wohl nicht gegeben, wären nicht erwachsene Aktivisten im Spiel gewesen, die ihr Potenzial sahen – um den Klimaschutz voranzutreiben.» Ob es richtig ist, dabei von «Greta-Machern» zu sprechen, sei dahingestellt. Sicher wäre ihr Aufstieg ohne die Eltern an irgendeiner Stelle ins Stocken geraten. Vermutlich hätte sie die kampagnenartige Tour durch alle Kontinente und auf allen Kanälen allein nicht stemmen können. Dahinter steckt ein ganzes Team an professionellen Beratern und Mitarbeitern, die sich für ihren Erfolg einsetzen. Die die endlosen Anfragen für sie sondieren, Reisen planen, Gespräche anleiern. Die daran mitwirken, Greta als globale Marke aufzubauen. Welcher Teenager hätte schon daran gedacht, sich «Fridays for Future», «Greta Thunberg» und «Skolstrejk för klimatet» als geschützte Marke beim Amt der Europäischen Union für geistiges Eigentum im spanischen Alicante eintragen zu lassen?

Daneben aber ist festzustellen: Ohne Greta Thunberg selbst würde die Marke verpuffen. Sie lebt von ihrer Persönlichkeit. Die junge Schwedin besitzt nicht nur das Potenzial zur Heldin, sie weiß es auch bei jeder sich bietenden Gelegenheit geschickt zu nutzen. Darin liegt ihre außergewöhnliche Stärke. Ob in London, Davos, Berlin, vor der UN in New York oder bei der Verleihung der Goldenen Kamera; ob vor Schülern, Umweltschützern, Unternehmern oder Politikern: Sie stellt sich furchtlos auf jede Bühne und rockt – oder schockiert – den Saal mit freier Rede (die zerknitterten Zettel in ihrer Hand braucht sie nicht wirklich, sie hat den Text im Kopf), einem Englisch, das die meisten Politiker nicht hinbekommen, mit scharfen Botschaften und der Radikalität der Jugend. Eine profihafte Performance, nahezu perfekt.

Die Schule muss derweil ruhen, sie nimmt ein Jahr Auszeit. Für Unterricht ist keine Zeit. Greta fährt – per Bahn, Segelboot, Katamaran oder Elektroauto – von Kundgebung zu Kundgebung, von Pressekonferenz zu Pressekonferenz, von Kongress zu Kongress. Bis hin zur Kurzaudienz beim Papst. Rund um den Globus. Ihr Terminplan gleicht dem eines Top-Managers oder Politikers. Jeder will sie sehen, mit ihr diskutieren, sich mit ihr schmücken. Greta Thunberg zieht Leute an, bringt Aufmerksamkeit und breite Resonanz in der Presse. Bald schon muss sie die meisten Anfragen ablehnen; neben den ganz großen Events und Treffen mit den Superstars bleibt immer seltener Zeit für die kleinen Graswurzelaktionen. Während sie im September in Amerika ist, trifft sie innerhalb weniger Tage Barack Obama in

Washington, spricht bei einer Anhörung eines Unterausschusses des Repräsentantenhauses und sagt im US-Senat dem Klimaausschuss ihre Meinung, in deutlichen Worten. Zudem nimmt sie an einem Klimastreik in New York teil, protestiert mit anderen Jugendlichen vor dem Weißen Haus für mehr Klimaschutz und wird von Amnesty International mit dem wichtigsten Preis für Menschenrechte ausgezeichnet. Im rosa Top, das sie eher wie ein kleines Mädchen als wie eine junge Frau erscheinen lässt, hält sie eine umjubelte Rede. Ihre Message: Trotz vieler schöner Worte und Versprechungen schreitet die Umweltzerstörung voran – in atemberaubendem Tempo. Wir müssen die Notbremse ziehen. Dabei versprüht sie einen für sie eher untypischen Hauch von Optimismus: Es gebe «ein langsames Erwachen», das sei das Verdienst junger Menschen. «Activism works!» Applaus.

Greta spielt nun ganz oben mit. Erst das Coronavirus zwingt sie zur Pause, als im Frühjahr 2020 die Pandemie Treffen jeglicher Art verhindert, weltweit. Das Klima wird für Monate von den Titelseiten verdrängt. Ganz verschwunden ist es jedoch nie. Niemand kann es sich leisten, es zu ignorieren, nicht einmal Donald Trump.

2019, kaum ein Jahr nachdem Greta öffentlich aufgefallen war, kommt es zum Duell der Ungleichen – zwischen dem jungen Mädchen und dem mächtigsten Mann der Welt, US-Präsident Trump. Wie außergewöhnlich ist es allein schon, dass dieser überhaupt von der schwedischen Jungaktivistin gehört hat! Zwar lässt Trump keine Gelegenheit aus, sie runterzumachen. Aber allein die Tatsache, dass er sich dazu genötigt sieht, sagt genug über Greta aus – und über Trump.

Zweimal kommt es zum direkten Kräftemessen, im September 2019 bei den Vereinten Nationen in New York und Ende Januar 2020 auf dem Weltwirtschaftsforum in Davos. Auf den großen Showbühnen der internationalen Politik und Wirtschaft zeigen beide, was sie können. «Trump und Thunberg, der Nationalist und die Aktivistin, bilden das heimliche Traumpaar von Davos», schreibt die «Neue Zürcher Zeitung» treffend. «Hofiert werden beide, so professionell wie verlogen.» Die in die Schweiz gereisten Manager wollen es sich mit beiden nicht verderben - bei Trump buhlen sie um millionenschwere, überlebenswichtige Aufträge für ihre Unternehmen und schmieren ihm Honig ums Maul; bei Greta sind sie erst einmal neugierig. Denn auch wenn der ein oder andere Manager sie belächelt und inhaltlich anderer Meinung ist, die Eliten haben ein gutes Gespür dafür, wo ein neues Machtzentrum entsteht. Und bei Greta, darin ist man sich einig auf dem Wirtschaftsgipfel 2020, passiert etwas. Da verschieben sich Gefüge, da wächst etwas Neues. Und so will sich keiner der Wirtschaftslenker etwas verbauen. Anschlussfähig zu bleiben an die neue, klimabewegte Generation ist das oberste Gebot.

Trump und Thunberg - beide verkörpern zwei Massenbewegungen, stehen plötzlich für zwei Pole der Gesellschaft, die miteinander sehr wenig zu tun, sich fast nichts zu sagen haben, zwischen denen es kaum Verständigungsmöglichkeiten gibt. Er, der Klimawandelskeptiker, der die Ölindustrie nach Kräften fördert, auch weil sie ihn durch millionenschwere Spenden im Wahlkampf unterstützt. Sie, die radikale Klimaretterin, die die Ölförderung am liebsten sofort auf null setzen würde. Wohin das Pendel schwingt, ist noch längst nicht ausgemacht.

So konträr die beiden sind, so ähneln sie sich doch in gewisser Weise: Beide sind absolut überzeugt von der Richtigkeit ihres Handelns, beide totale Sturköpfe, und beide polarisieren und spielen damit: Trump wird von den einen als Witzfigur und gefährlicher Tyrann mit den Emotionen und dem Verstand eines Kindes beschimpft, seine Anhänger dagegen verehren ihn als «best president ever», als edlen Rächer an einem verkommenen Establishment und erfolgreichen Dealmaker, der als Einziger in der Lage ist, Amerika zu retten – «Make America great again!» Greta ist die Heilsbringerin, Retterin der Welt und Heilige – oder aber sie zieht den Hass auf sich als radikale «Ökofaschistin» und Utopistin, als missbrauchte Werbefigur, Opfer böser Mächte oder skrupellose Intrigantin.

Die «Frankfurter Allgemeine Sonntagszeitung» schreibt Ende März 2019: «Manche nennen sie Prophetin, manche Katalysator, nicht wenige halten sie für eine Spinnerin. Die, die es gut mit ihr meinen, sagen: Armes Mädchen.» Der Artikel erscheint nur zwei Wochen nachdem drei norwegische Politiker Greta für den Friedensnobelpreis vorgeschlagen hatten. Den erhält sie zwar nicht, dafür aber etliche andere Ehrungen.

«Ganz okay» gibt es weder bei Greta noch bei Trump. Und wie Greta ist auch Trump nicht für halbe Sachen zu haben. Klimawandel? Gibt es für den mächtigsten Mann der Welt nicht. Und wenn, dann ist er nicht menschengemacht, also auch nicht zu verhindern. Am liebsten bezeichnet er ihn als «Hoax», Schwindel, erfunden von China und den verhassten «Fake Media». Deshalb hat er veranlasst, dass die USA als bisher einziges Land aus dem Pariser Klimaabkommen aussteigen.

Für Greta gibt es nur ein Ziel: den Klimawandel zu stoppen, zu retten, was noch zu retten ist, bevor es zu spät ist. Diesem Ziel ordnet sie alles andere unter. Wer das Klima auf der Prioritätenliste nicht nach ganz oben setzt, macht sich in ihren Augen schuldig. «Schämt euch», schleudert sie Politikern entgegen, wann immer sie die Möglichkeit dazu hat. Und sie spricht nicht über die anderen, die gerade nicht vor Ort sind. Sie attackiert die vor ihr Sitzenden, und die schweigen. Die meisten von ihnen spenden ihr sogar Applaus. «Schäm dich» sagen für gewöhnlich Eltern oder Großeltern zu Kindern, die erst noch lernen müssen, was sich gehört und was nicht. Jetzt steht da eine Generation von Teenagern, die den Erwachsenen Fehlverhalten vorwirft. Verkehrte Welt. Verbunden mit einer Drohung, die niemand so kurz und knapp in Worte gefasst hat wie Greta, als sie im September 2019 vor den Vereinten Nationen in New York den Satz geradezu ausspuckte: «How dare you!» Diese drei Worte enthalten so viel – eine Drohung, Verachtung, Hass, Wut.

Wie viele andere empfindet Trump die junge Schwedin als schiere Provokation. Als sie sich bei den Vereinten Nationen das erste Mal begegnen, gelingt es dem Machtmenschen Trump, ein direktes Treffen zu vermeiden. Doch Greta kontert geschickt, als sie gefragt wird, was sie ihm sagen würde, wenn es zu einem Gespräch käme: «Trump hat bewiesen, dass er der Wissenschaft und den Experten nicht zuhört. Wieso sollte er dann mir zuhören? Meine Zeit ist mir zu kostbar, um sie mit ihm zu vergeuden.» Das Kind verachtet den König.

Doch es kommt zu einem Beinahe-Treffen, dessen Bilder um die Welt gehen. Als Trump mit seiner Entourage den Saal betritt und an Greta Thunberg – sie keines Blickes würdigend – vorbeieilt, schwenken die Kameras direkt von ihm zu ihr und zeigen ihr wutverzerrtes Gesicht bei seinem Anblick. «Als hätte sie den Teufel höchstpersönlich» gesehen, heißt es in der Presse später. Und wie immer kann sich Trump anschließend eine kindliche Stichelei in Gretas Richtung nicht verkneifen. Nach der nur Sekunden dauernden Episode und ihrer viereinhalbminütigen Wutrede, die ihm ebenfalls die Show stiehlt, greift Trump auf sein Lieblingsmedium Twitter zurück, um sie niederzumachen: «She seems like a very happy young girl looking forward to a bright and wonderful future», ein fröhliches junges Mädchen, das einer glänzenden Zukunft entgegenblicke. Dazu postet er ihren wütenden Auftritt, der mittlerweile mehr als fünfzehn Millionen Aufrufe hatte, und fügt sarkastisch hinzu: «So nice to see!»

Auch andere Regierungschefs greifen Greta Thunberg verbal an. Wladimir Putin beschreibt sie mitleidig als «a kind but poorly informed teenager», nett, aber vollkommen ahnungslos, zudem als «Mädchen, das komplexe globale Themen nicht versteht». «Es ist bedauerlich, wenn jemand Kinder und Jugendliche in seinem Interesse nutzt», so Putins Unterstellung. Der brasilianische Staatschef Jair Bolsonaro nennt sie «Pirralha», das portugiesische Wort für «Göre». Der italienische Ex-Ministerpräsident Silvio Berlusconi macht auf ihre Kosten anzügliche Witze über Sex mit Schwedinnen und bezeichnet ihre Politik als «Umweltterrorismus».

Nach Gretas Rede vor dem Klimagipfel Mitte Dezember 2019 in Madrid holt Trump zum nächsten Twitter-Schlag gegen sie aus, empfiehlt ihr, ihre Wut in den Griff zu bekommen und sich mit Freunden bei einem Film zu entspannen: «Greta must work on her Anger Management Problem, then go to a good old fashioned movie with a friend! Chill Greta, Chill!», schreibt er hämisch. Wer auch immer Gretas Twitter-Account verwaltet, reagiert ausgesprochen cool auf solche wiederkehrenden Provokationen. Nur Stunden nach Trumps Seitenhieb ändert Greta ihre Twitter-Biographie in: «A teenager working on her anger management problem. Currently chilling and watching a good old fashioned movie with a friend.»

Trump ist ein Meister auf Twitter. Kein anderer Politiker weiß seine politischen Botschaften so perfekt über den Kurznachrichtendienst zu platzieren und Stimmung gegen seine politischen Gegner zu machen wie er. Aber dieser sechzehnjährigen Digital Native ist auch er nicht gewachsen. Sie schlägt ihn mit seinen eigenen Waffen. Das wurmt den mächtigsten Mann der Welt gewaltig. Noch schlimmer war für ihn offenbar, dass das «Time»-Magazin nicht ihn, sondern Thunberg als «Mensch des Jahres» auszeichnete. Das muss er als persönliche Demütigung empfunden haben. Noch in Davos im Januar 2020, Wochen nach der Vergabe des Titels, gibt der US-Präsident Einblick in seine verletzte Seele. Auf einer Pressekonferenz tut er zunächst so, als wüsste er nicht, um wen es gehe, als er gefragt wird, was er von Greta halte. «Greta who?» Zudem disqualifiziert er sie wegen ihres Alters. «Wie alt ist das Mädchen? Siebzehn? Schön.» Doch dann rutscht ihm ein verräterischer Satz heraus: «Sie hat mich beim ‹Time›-Magazin geschlagen. Ich hätte sie hier gerne reden gehört.»

Der mächtigste Mann der Welt demontiert sich selbst, wirkt alt und beleidigt. Sie dagegen setzt sich souverän bei seiner Rede ins Publikum, mit versteinerter Miene. Sie bleibt auch cool, als er sie indirekt als einen dieser «Untergangspropheten» und «Nachfolger törichter Wahrsager von gestern» abkanzelt, «die schon immer die Apokalypse vorhergesagt und damit schon immer falsch gelegen» hätten. «Sie haben in den Sechzigern eine Überbevölkerungskrise, in den Siebzigern eine Massenhungersnot und in den Neunzigern das Ende des Öls vorausgesagt, und nichts ist passiert.»

Er lasse sein Land nicht von solch «radikalen Sozialisten» kaputtmachen.

Greta zu diskreditieren gelingt weder ihm noch anderen Machthabern, jedenfalls nicht in ihrer rasant wachsenden Fangemeinde. Greta wird mit jedem Auftritt und jeder boshaften Äußerung ihrer mächtigen Gegner nur noch berühmter. Sogar der millionenschwere Musiker Fatboy Slim nutzte Gretas Wutrede in Madrid für einen Remix seines berühmten Hits «Right Here, Right Now».

Politiker auf der ganzen Welt tun sich mit dem Phänomen Greta Thunberg ebenso schwer wie mit der Person. Das Mädchen attackiert sie, wann immer sie kann, fordert von ihnen ein radikales Umschwenken. Zugleich fragen Journalisten immerzu nach einem Statement zu der jungen Schwedin; jeder muss sich zu ihr positionieren. Nur was ist die richtige Reaktion auf ein Mädchen, das Ziele einfordert, auf die sich alle Länder der Welt vor Jahren schon geeinigt haben, bei denen es allerdings nachweislich nicht wirklich vorwärtsgeht? FDP-Chef Christian Lindner hat es mit kritischer Distanz versucht. Schüler sollten in ihrer «Freizeit» demonstrieren, sagte er, und Klima sei am Ende «immer etwas für Profis». Die Kommentare gingen für ihn nach hinten los. Er erntete Häme, Spott und Kritik aus allen Richtungen. Die EU lädt die Jugendikone dagegen gleich zum Gipfel nach Brüssel, um die Verkündung des «Green Deals» mit etwas Glanz und Glamour zu versehen.

Bundeskanzlerin Angela Merkel umschifft alle Klippen mit der ihr eigenen technokratischen Trockenheit. «Die Zeit drängt, und wir Älteren müssen die Ungeduld der Jugend positiv aufnehmen.» So sprach sie in Davos im Januar 2020. Kurz darauf, im Februar, äußerte sie zurückhaltende Zustimmung für die streikenden Schüler nach der großen

Demo in Hamburg, an der Greta teilgenommen hatte. Die Kanzlerin zollt ihr Respekt: «Sie ist schon ein außergewöhnliches Mädchen, das viel ins Rollen gebracht hat. Ich freue mich, wenn sich die Jugend eine Stimme gibt und sie zu Gehör bringt.» Thunberg habe viele motiviert. «Deshalb nehme ich sie sehr ernst», so die Kanzlerin. Ihr sei es gelungen, «die Zivilgesellschaft in einem Maße in Bewegung zu bringen, wie es andere nicht allein geschafft haben». Außerdem twittert sie nach einem Treffen mit Greta ein Foto von sich und ihr – Greta macht das nicht. Und im Corona-Sommer 2020 kommt Thunberg mit drei Aktivistinnen die seltene Ehre zuteil, von der Kanzlerin in Berlin persönlich empfangen zu werden. Nur die anschließende Pressekonferenz schwänzt Merkel, sie muss weiter zu Macron nach Frankreich in seine Ferienresidenz. Es gibt dringlichere Themen als das Klima. Die Covid-19-Zahlen steigen wieder, erneute Grenzschließungen müssen auf jeden Fall vermieden werden; im östlichen Mittelmeer streiten Griechenland und die Türkei um Gasvorkommen; es gibt einen Militärputsch auf Mali und einen vergifteten Putin-Kritiker in Russland. Um das Klima muss sich die Jugend wieder einmal allein kümmern; mit Sicherheitsabstand und Maske scharen sich die «Fridays for Future»-Streikenden um ihre Anführerin vor dem Brandenburger Tor.

Besonders geschickt im Umgang mit Thunberg zeigt sich Barack Obama. Aber er hat es auch leicht, muss er als Ex-Politiker seinen wohlwollenden Worten doch keine konkreten Taten folgen lassen. Er lädt Greta zu einem Treffen nach Washington ein, grüßt sie kumpelhaft mit einem Fist Bump und lobt sie fortan in den höchsten Tönen: Sie sei «eine der größten Verteidigerinnen unseres Planeten». Clever vereinnahmt er sie für sich: «Du und ich, wir sind ein Team.» Wobei ihn der Zorn Gretas natürlich genauso wie alle anderen früheren Machthaber treffen muss: Was hat er getan, als er Präsident war? Mehr als Trump, das sicherlich, aber - aus Gretas Sicht - definitiv nicht genug. Auf sein Lob «Du veränderst die Welt» antwortet sie selbstbewusst: «Niemand ist zu klein, um Einfluss zu nehmen und die Welt zu verändern.»

Gerade dieser Punkt trifft das Gefühl der Jugend wie schon lange nicht mehr. Waren die Millennials vornehmlich mit sich selbst beschäftigt und weitgehend unpolitisch - nach dem Motto «Was geht uns das an?» oder «Wir können sowieso nichts tun» -, so fühlen sich ihre Nachfolger plötzlich davon angetrieben, etwas erreichen zu können und - besonders in der Klimafrage - etwas tun zu müssen. «Niemand ist zu klein» - das beweist nicht nur Greta mit ihren mittlerweile siebzehn Jahren, sondern das zeigen auch Mitstreiterinnen, die noch deutlich jünger sind als sie.

Unterstützer wie Obama befeuern sie in ihrem Eifer. In München, auf einem Treffen junger Tech-Unternehmer im Herbst 2019, unterstreicht Obama: Greta Thunberg übernehme eine «monumentale Aufgabe», die eigentlich andere, Erwachsene bewältigen müssten. «Sie ist sehr jung, um diese Bürde zu tragen. Eine Sechzehnjährige sollte das nicht tun müssen.» Und selbstkritisch fügt er hinzu: «Junge Menschen werden immer wieder aufgehalten - von alten Leuten wie mir. Leute, die behaupten, Erwachsene zu sein, werden ihrer Verantwortung oft nicht gerecht.» Damit meint er nicht nur politisches Handeln und gesellschaftliche Verantwortung, sondern auch die Art der Kommunikation und des Umgangs miteinander.

Die jugendlichen Klimaaktivisten und ihre Gegner beurteilen das Geschehen völlig unterschiedlich. Die einen kritisieren, dass Prominente wie Trump oder Bolsonaro die Jugendlichen permanent beleidigen und dabei gezielt unter die Gürtellinie schießen. Wenn Kinder und Teenager sich politisch äußern, so ein Artikel in der «Frankfurter Allgemeinen Sonntagszeitung» vom März 2019, reize das manche Erwachsene offenbar derart, dass sie die Fassung verlieren – und jene Reife und höhere Einsicht, die sie den Jüngeren absprechen. «Sexualisierte Beschimpfungen, Bestrafungsphantasien, Drohungen, Übergriffe: Selbst wenn man die Ziele der Bewegung um Greta Thunberg nicht teilt und Schulstreiks für zweifelhaft und unangebracht hält, müssen einen solche Reaktionen schockieren.» Als Beispiel wird in dem Artikel ein Vater zitiert, der einer streikenden Schülerin, die die Menschen auffordert, häufiger Bahn und Bus zu nutzen, laut ein «Fick dich» an den Kopf wirft. In Amerika bezeichnete der Fox-News-Moderator Michael Knowles Greta Thunberg in seiner Sendung als «geisteskrankes Kind aus Schweden». Für die Bezeichnung als «mentally ill» wird er von einem Gast in der gleichen Sendung kritisiert: «Sie sind ein erwachsener Mann und greifen hier ein Kind an. Schämen Sie sich.» Später muss der Moderator sich ganz offiziell für die Wortwahl entschuldigen.

Dadurch sieht die Gegenseite sich wiederum bestätigt. Die nämlich beklagt, es gebe gar keine Möglichkeit mehr, inhaltliche Kritik an Greta und ihrer Bewegung zu üben. Sie wirft der Bewegung vor, ihre Anführerin zur Heiligen zu stilisieren, sodass man kein Argument mehr vorbringen könne, ohne sich des Vorwurfs der Majestätsbeleidigung auszusetzen. Der deutsche Journalist Gabor Steingart spricht von einer «Rhetorik der Selbstvergottung». «Ihre [Gretas] Rede ist im Grunde keine Rede, sondern eine neutestamentarische Verkündung ...» Thunberg trete auf wie eine «zürnende Klimagöttin», die keine Kritik zulasse: «Eine Kaste der Unberührbaren ist entstanden, wie man sie bisher nur im Hinduismus kennt.»

Aus welcher Warte man das Ganze auch betrachtet, eines ist unstrittig: Der Ton wird zunehmend rauer. Wie in der aufgeheizten Lage nüchterne Argumente ausgetauscht werden sollen, scheint in der Tat fraglich. Aber was genau fordert Greta Thunberg eigentlich? Wie radikal sind sie und ihre Mitstreiterinnen? Was bedeutet «exit now», also der sofortige Ausstieg aus der Förderung fossiler Brennstoffe, den sie wieder und wieder fordern, und was sagt die Wissenschaft dazu?

«OUR HOUSE IS ON FIRE!»

Greta Thunberg wirft der Politik in Sachen Klimaschutz Versagen auf ganzer Linie vor. Sie tut das mit drastischen Worten und gerne, so wie auf dem UN-Klimagipfel in New York 2019, mit vor Zorn bebender Stimme: «Menschen leiden, Menschen sterben, ganze Ökosysteme kollabieren. Wir stehen am Anfang eines Massenaussterbens, und alles, was ihr könnt, ist über Geld zu reden und Märchen vom ewigen Wirtschaftswachstum zu erzählen. Wie könnt ihr es wagen!»

Die Gegenseite lässt sich ebenso kurz auf den Punkt bringen. US-Präsident Trump fasste es in Davos Anfang 2020 so zusammen: Die USA seien heute «schön und sauber». Mehr noch: «Die Luft, das Klima, das Wasser in den Vereinigten Staaten – das alles war vor vierzig Jahren noch nicht so sauber wie jetzt.» Wenn Greta schon Kritik üben möchte, so der Präsident, dann nicht an ihm, sondern bitte schön an anderen. «Es gibt einen anderen Kontinent, wo so viel Rauch in den Himmel aufsteigt, dass man es kaum glauben mag», stänkerte er auf einer Pressekonferenz gegen Dritte. «Greta sollte anfangen, sich um diese Länder zu kümmern.» Er sagte zwar nicht, welche Länder er damit meinte. Sicherlich aber bezog er sich auf Asien, konkreter auf China oder Indien.

An Trump zeigt sich das alte Spiel: Die einzelnen Länder verweisen auf ihre eigenen Fortschritte und reichen den Schwarzen Peter an andere weiter, nach dem Motto: Was soll Amerika allein schon machen? Was kann die EU bewirken, wenn sie doch nur für 12 Prozent des globalen CO_2-Ausstoßes verantwortlich ist? Oder gar das kleine Deutschland mit winzigen 2 Prozent? In der Tat wird der CO_2-Ausstoß in China und den Schwellenländern in den kommenden Jahren erst richtig in die Höhe schnellen. Wenn Klimaschutz, dann dort. Mit diesen Argumenten bügelt der Westen geflissentlich alles ab, was über die von ihm verabschiedeten Maßnahmen hinausgeht. Denn jedes gedankenlose Vorwegstürmen würde schließlich die eigene Wirtschaft schwächen, Arbeitsplätze gefährden, die Menschen – oder besser gesagt: die Wähler – verstören.

Die jungen Klimaaktivisten dagegen müssen keine Rücksicht nehmen auf Wähler, gesellschaftliche oder ökonomische Verträglichkeit. «Viele sagen, es macht keinen Unterschied, was wir tun, weil China der größte Umweltverschmutzer ist», sagt Greta in einem Interview mit der Zeitschrift «Teen Vogue». Ihre Antwort: «Wir sollten uns nicht auf Dinge konzentrieren, die wir nicht ändern können. Wir sollten uns nicht auf China fokussieren, solange wir auf das

Land keinen Einfluss haben. Wir sollten das in Angriff nehmen, was wir ändern können. Und wenn wir eine internationale Bewegung sind, dann wird diese sich hoffentlich irgendwann auch in China ausbreiten.» Ihre Botschaft lautet: «Our house is on fire!» Klar, verständlich, radikal.

Thunberg beruft sich auf das am 12. Dezember 2015 verabschiedete Pariser Klimaabkommen. Darin haben 196 Staaten erklärt, die Erderwärmung auf deutlich unter zwei, wenn möglich sogar auf 1,5 Grad Celsius im Vergleich zur vorindustriellen Zeit beschränken zu wollen. Es ist der erste internationale, völkerrechtlich bindende Vertrag, in dem sich Industrie- und Schwellenländer gemeinsam verpflichten, ihre Treibhausgasemissionen einzudämmen. Grundlage des Abkommens sind freiwillige Klimaschutzpläne, die gut 190 Staaten zur Konferenz eingereicht haben. Doch selbst wenn sie alle diese Versprechen einhielten – das Zwei-Grad-Ziel würde laut Wissenschaftlern klar verfehlt. Daher sieht das Abkommen vor, dass die Staaten von 2020 an alle fünf Jahre neue Pläne einreichen müssen, in denen sie ihre Anstrengungen deutlich nachbessern, sich also strengere Auflagen geben, um das 1,5-Grad-Ziel zu erreichen. Die beiden Länder mit dem größten CO_2-Ausstoß, die USA und China, haben den Vertrag ratifiziert, allerdings hat Präsident Donald Trump 2017 den Rückzug Amerikas aus dem Klimaabkommen angekündigt. Mehr als zweihundert US-Städte und siebzehn Bundesstaaten indes halten an den Klimazielen fest.

Alle anderen Länder fühlen sich dem Abkommen mehr oder weniger verpflichtet. Bundeskanzlerin Angela Merkel macht den Klimaschutz mittlerweile zum Chefthema: «Die Frage der Erreichung der Ziele des Pariser Abkommens könnte eine Frage des Überlebens auch unseres Kontinents sein», sagte sie Anfang 2020. Das Leben vieler Menschen könne sich durch den Klimaschutz verbessern. «Wir werden dramatische Veränderungen erleben.» Deshalb habe Deutschland sich unter anderem bei der Stromproduktion ehrgeizige Ziele gesetzt. «Da haben wir uns vorgenommen, bis 2030 65 Prozent, also rund zwei Drittel, mit erneuerbaren Energien zu erzeugen. Das ist für ein Land, in dem die Sonne nicht so häufig scheint und der Wind auch recht unregelmäßig weht, recht viel.» Aber natürlich brauche es mehr internationale Kooperation. Ohne die anderen kommt Deutschland nicht weit.

Greta Thunberg hält den deutschen Vorstoß für unzureichend. Sie und «Fridays for Future» haben einen Maßnahmenkatalog vorgelegt, der sich auch auf ihrer Homepage findet. Sie verlangen den Ausstieg aus der Kohleverstromung bis 2030 und eine Verringerung der Emissionen bis 2035 auf «Netto-Null». Schon bis Ende 2019 hätte demnach ein Viertel der Kohlekraftwerke auf der ganzen Welt vom Netz gehen und die Subventionierung fossiler Energieträger beendet sein sollen. Zudem setzen sie auf eine CO_2-Steuer für das Treibhausgas.

Die Steuer pro Tonne CO_2 soll 180 Euro umfassen. Den Betrag haben die Schüler nicht willkürlich gewählt, wie Vertreter von ihnen 2020 auf einer eigens angesetzten Pressekonferenz in Berlin erläutert haben. Dazu haben sie sich einen symbolträchtigen Ort ausgesucht: Im Naturkundemuseum stellen sie sich vor dem Skelett eines Dinosauriers auf, als bildliche Mahnung, dass es dem Menschen wie jener ausgestorbenen Spezies ergehen könne.

Der CO_2-Preis geht auf Berechnungen des Umweltbundesamts zurück: «Der Preis für den Ausstoß muss schnell genauso hoch sein wie die Kosten, die der heutigen und zukünftigen Generationen entstehen», sagte der Sprecher von «Fridays for Future» Sebastian Grieme. Und die belaufen sich beim Ausstoß von einer Tonne CO_2 auf Schäden von rund 180 Euro. Umgerechnet auf den Ausstoß Deutschlands im Jahr 2016 entspricht dies Gesamtkosten von rund 164 Milliarden Euro, hatte das Umweltbundesamt Ende 2019 mitgeteilt. «Eine so hohe Steuer würde klimaschädliches Handeln schnellstens beenden.» Etliche Länder haben bereits eine CO_2-Steuer eingeführt oder wollen dies tun. Zu den ambitioniertesten Staaten gehören die Schweiz, Frankreich und die skandinavischen Länder, in denen der Preis zwischen 45 (Frankreich) und 115 Euro (Schweden) je Tonne liegt.

Von Klimakompensation hält die junge Schwedin Greta dagegen nicht viel. Für einen klimaschädlichen Flug eine Ausgleichszahlung an eine Organisation zu zahlen, die das Geld in treibhausgasmindernde Investitionen stecke, sei ein «Bluff», sagt sie. Das helfe allein dem guten Gewissen, geflogen aber werde dadurch nicht weniger. Wahrscheinlich «schadet sie sogar mehr, als dass sie nützt».

Greta Thunberg will zudem den kompletten Ausstieg aus der Finanzierung fossiler Brennstoffe. Mit dieser Ansage an die Finanzinvestoren war sie im Januar 2020 nach Davos gereist, wo die internationale Wirtschaftselite, samt der großen Fondsgesellschaften, Banken und deren Kunden, den Milliardärsfamilien aus aller Welt, versammelt war. «Stoppt alle Investitionen, die die Gewinnung fossiler Brennstoffe betreffen. Beendet alle Subventionen für und alle Geschäfte mit fossilen Brennstoffen», forderte sie von diesem illustren Zirkel, der es tatsächlich in der Hand hat, die Gelder umzulenken. Aber so schnell geht das nicht, Thunberg reist ziemlich enttäuscht ab, weil sie keinerlei konkrete Zusagen oder Beschlüsse durchsetzen konnte.

Dabei bekommt sie durchaus Rückendeckung aus der Finanzbranche. Die großen Kapitalisten haben das Thema Nachhaltigkeit für sich entdeckt. So spricht der Chef des weltgrößten Vermögensverwalters Blackrock, Larry Fink, bereits von einer Epochenwende und schwingt sich zum obersten Hüter des Klimas auf. Das folgende Kapitel geht näher darauf ein, was den Chef der größten Investmentfonds der Welt dazu bewogen hat.

Die Europäische Union hat Greta Thunberg im März 2020 zur Vorstellung eines Öko-Wunderpakets namens «Green Deal» eingeladen, dem großen Wurf, der die EU bis 2050 klimaneutral machen soll. Brüssel will eine Vorreiterrolle im Klimakampf einnehmen, so zumindest präsentiert sich die neue Kommissionspräsidentin Ursula von der Leyen von ihrem ersten Amtstag an. Das bedeutet, dass die Länder dann nicht mehr CO_2 und andere Treibhausgase in die Atmosphäre blasen dürfen, als sie durch kompensierende Maßnahmen binden oder auf natürliche Weise abbauen können. Das verlangt Einschnitte bei Energieerzeugung und -verbrauch, Verkehr und Industrie, bei Haushalten, Gewerbe, Ernährung und Landwirtschaft. All diese Bereiche will Brüssel durchdeklinieren, flankiert von neuen Klimazielen: Bis 2030 soll der Ausstoß klimaschädlicher Gase zwischen 50 bis 55 Prozent unter dem Wert von 1990 liegen.

Doch wenn die EU-Politiker gedacht hatten, Greta Thunberg als Werbefigur vor den Karren spannen zu können, hatten sie sich getäuscht, diesen Gefallen tat sie ihnen nicht. Zu Gast bei den Mächtigen, hielt sich Thunberg nicht lange mit dem Austausch von Höflichkeiten auf. Ganz im Gegenteil, sie kritisierte das Klimapaket von vorne bis hinten: «Dieses Gesetz ist eine Kapitulation. Sie geben die Klimaschutzziele von Paris auf und die Absicht, die Welt zu retten.» Das

Gesetz ignoriere die jüngsten wissenschaftlichen Erkenntnisse zur Erderwärmung. Die EU müsse ihren CO_2-Ausstoß bis 2030 um mindestens 80 Prozent senken, sagte Thunberg. Nur so könne sie einen fairen Beitrag zur Umsetzung des Pariser Klimaabkommens leisten. Die EU-Politiker würden «als größte Schurken aller Zeiten in Erinnerung bleiben», hatte sie schon einmal geschimpft, sollten sie daran scheitern. Noch bleibe rund ein Jahrzehnt, um umzusteuern und ehrgeizigere Ziele zu setzen. Für ambitioniertere Klimaziele sollten auch die Bereiche Luftfahrt und Schifffahrt mitbedacht werden. «Wenn wir das nicht tun, dann waren alle unsere Erfolge und Fortschritte umsonst.» Thunberg verwies auf Warnungen des Weltklimarates, die beinhalten, dass die Temperaturen um drei oder vier Grad ansteigen könnten, sollte sich nichts ändern.

Nun wird Greta und ihrer Generation immer wieder vorgeworfen, die Apokalypse zu beschwören, in Wirklichkeit aber keine Ahnung zu haben. Nie konkret vorzugeben, was zu tun sei, um den Klimawandel zu stoppen, oder zu bedenken, was für ökonomische Folgen ein Radikalschlag hätte. So weigert sich etwa US-Finanzminister Steven Mnuchin, Greta ernst zu nehmen, mit der zynischen Bemerkung: «Nachdem sie an der Universität Ökonomie studiert hat, kann sie zurückkommen und uns das erklären. Ist sie die Chefökonomin, oder wer ist sie? Ich bin verwirrt.» Greta kontert wie immer souverän: «It doesn't take a college degree in economics to realise that our remaining 1,5° degree carbon budget and ongoing fossil fuel subsidies and investments don't add up.» Man brauche keinen Collegeabschluss, um die wichtigen Faktoren zusammenzurechnen und festzustellen, dass die Rechnung nicht aufgeht.

Greta und ihre Aktivisten sehen es auch nicht als ihre

Aufgabe an aufzuzeigen, wie ihre Forderungen in die Realität umgesetzt werden könnten. «Den geeignetsten Weg zu finden, ist die Aufgabe der Politik in enger Zusammenarbeit mit der Wissenschaft, und nicht die der jungen Generation», sagen sie klar und deutlich. Und Greta wiederholt immer wieder: «Hört auf die Wissenschaftler.»

Muss man Wissenschaftler sein, um über den Klimawandel reden zu können? Stecken Politiker so viel tiefer in der Materie, nur weil sie älter sind? Greta zumindest gibt sich große Mühe, trotz ihrer jungen Jahre die Materie zu verstehen. In einem Interview mit einer schwedischen Reporterin sagte sie, dass sie ihre Reden, wenn sie einigermaßen fertig seien, «an mehrere Wissenschaftler» schicke, um zu überprüfen, ob die Fakten richtig seien. Das seien immer unterschiedliche Wissenschaftler, fügte sie hinzu. «Wenn es sich um falsche Fakten handelt oder Dinge, die missverständlich sind, ändere ich das.» Einer dieser Berater ist der deutsche Physiker Stefan Rahmstorf. Der Klimaforscher meint, die Schwedin habe klarer als die meisten erkannt, was die globale Erwärmung für die Zukunft ihrer Generation bedeute. «Sie kennt die Wissenschaft.» Er würde sich wünschen, «mehr Politiker wären so gut über die Klimaforschung informiert» wie Thunberg. Auch der Klimaökonom Ottmar Edenhofer verteidigt die junge Aktivistin. Thunberg kenne «die wissenschaftlichen Fakten genau». Mit dem Kenntnisstand eines durchschnittlichen Bundestagsabgeordneten könne sie es «locker aufnehmen».

Aus Sicht eines Historikers ergibt sich ein ganz anderes Bild. Der angesehene britische Forscher Niall Ferguson sieht die politischen Anliegen von Thunberg kritisch. Besonders ihre reißerischen Äußerungen wie «Ich will, dass ihr die Angst spürt, die ich jeden Tag spüre» stoßen ihm auf. «Das ist nicht die Stimme der Wissenschaft. Es ist die Stimme der Anführerin einer Endzeit- und Erlösungsbewegung.» Von solch verstörenden Sätzen hat Greta tatsächlich einige auf Lager.

Andererseits hat man noch selten eine Jugendbewegung gesehen, die so gewaltfrei und harmlos durch die Straßen zieht wie diese. Die Schüler werfen keine Molotowcocktails, zünden keine Autos an, schlagen keine Scheiben ein. Sie prügeln nicht auf Polizisten ein, ketten sich nirgendwo an, greifen nicht einmal zu Pflastersteinen, zumindest wenn man die mitunter militanten Protestler aus dem Hambacher Forst ausnimmt, die aber zum großen Teil wesentlich älter sind. Die Jugendlichen schwänzen einzig und allein freitags die Schule. Und darauf wollen sie – auch nach Corona – auf keinen Fall verzichten. Das ist ihre einzige Form des zivilen Ungehorsams, um ihren Forderungen Nachdruck zu verleihen. Greta sagt: «Wir streiken, bis ersichtlich ist, dass das 1,5-Grad-Ziel erreicht wird. Wir hören nicht auf. Wir geben nicht auf.»

EIN EINZIGER TWEET –
UND EIN WELTKONZERN WANKT

Joe Kaeser haut so leicht nichts um. Der Top-Manager hat Stürme überstanden, Intrigen überlebt und mächtige Gegner überwunden. Vier Jahrzehnte arbeitet er für Siemens, von 2013 an als Chef des Konzerns, mit 385 000 Angestellten an Standorten in 190 Ländern und einem Umsatz von 87 Milliarden Euro im Jahr. Siemens ist eine Ikone der

Wirtschaft, steht für deutsche Ingenieurskunst schlechthin. Die hundertsiebzigjährige Firmenhistorie zeugt davon, dass das Unternehmen es noch immer geschafft hat, sich im richtigen Moment, wenn auch oft notgedrungen, zu wandeln. «In den vergangenen zehn Jahren haben wir 50 Prozent des Geschäfts ausgetauscht», rühmte sich Kaeser im Jahr 2015. Da waren Handys und Telekommunikation, die Wurzel des Unternehmens, schon Vergangenheit. Kühlschränke und Hörgeräte auch, überhaupt das ganze Haushaltswaren- und Endkundengeschäft. Genau wie die Halbleiter, die unter dem Kunstnamen Infineon an die Börse gegangen waren.

Unter Kaesers Vorsitz ist das Unternehmen wieder an einem entscheidenden Wendepunkt angelangt. Zwei gigantische Veränderungen gilt es zu meistern: Digitalisierung und Klimawandel. Wer hier den Anschluss verliert, wird vom Fortschritt überrollt. Wer es richtig angeht, kann dagegen die Zukunft mitgestalten. Deshalb hat Kaeser, ob aus eigenem Antrieb oder auf Druck der Investoren, den gesamten Konzern umgebaut. Einzelne Sparten starteten nach und nach als selbständige Einheiten an der Börse. Statt einer Siemens-Aktie gibt es plötzlich ein halbes Dutzend. Nach den Firmenteilen Osram (Glühbirnen), Siemens Gamesa (Ökoenergie) und Healthcare (Medizintechnik) ist Siemens Energy (Kraftwerke, Turbinen) die jüngste Abspaltung, mit Kaeser als Aufsichtsratsvorsitzendem versteht sich.

Der Mann hat die Dinge im Griff. Und dann kommen ihm ausgerechnet ein paar Kinder in die Quere! Auch noch wegen eines läppischen Auftrags, den er gar nicht auf dem Schirm hatte: An der Signaltechnik für einen kurzen Bahnabschnitt in Australien, keine zweihundert Kilometer lang, entzündet sich ein Streit, in dessen Verlauf Kaeser zwischen alle Fronten gerät und der mit dazu beiträgt, dass seine Kar-

riere früher endet als von ihm erhofft. Geradezu lehrbuch-
mäßig zeigt der Fall, wie schnell die jungen Klimaschützer
einen internationalen Traditionskonzern wie Siemens in
die Bredouille bringen können.

Kaeser hat das Klima als entscheidendes Thema früh
erkannt. Ihm war klar, dass Konzerne ihre CO_2-Bilanz
komplett überarbeiten und ihr Geschäft entsprechend
umstellen müssen. Siemens, so sein Plan, sollte unter ihm
ergrünen; Magazine für Unternehmerische Selbstverant-
wortung (CSR), die Strategiepapiere und die Reden der
Führungskräfte zeugen von diesem eifrigen Vorhaben. Ohne
die Schlagwörter «nachhaltig» und «CO_2-neutral» kommt
bei Siemens nichts und niemand aus. Auch der Chef betont
in Interviews und öffentlichen Statements immer wieder:
«Wir haben 2015 als erstes großes Industrieunternehmen
versprochen, bis 2030 klimaneutral zu sein.» Längst gebe es
ambitionierte Pläne, dieses Ziel sogar noch früher zu erreichen. Konsequent positioniert sich Kaeser als Vorreiter in
Sachen Umwelt- und Klimaschutz: «Ich habe einen Forst.
Die Folgen des Klimawandels kann ich dort selbst sehen.»
Womit er sagen will, dass er in Sachen Klimaschutz mit von
der Partie ist.

Nur will besagter Auftrag in Australien zum schönen grünen Siemens-Image so gar nicht passen. Es geht um die Car-
michael-Kohlemine, genauer gesagt um eines der größten
Kohlebergwerke der Welt, das die indische Adani Group im
Bundesstaat Queensland baut, um Indien mit Steinkohle zu
versorgen. Fünf Untertageminen und sechs Tagebaustätten
sollen dort künftig bis zu sechzig Millionen Tonnen Kohle
pro Jahr fördern, was in etwa dem jährlichen Verbrauch von
Deutschland entspräche. Es ist ein gigantisches Unterfangen,
das vom ersten Tag an, seit 2010, von Umweltschützern vor

Ort bekämpft wird. Dabei geht es den Gegnern längst nicht nur um das Klima. Das Kohlewerk wird auch riesige Mengen an Wasser verbrauchen, was sich negativ auf das Grundwasser auswirken könnte, es zerstört Lebensraum von Indigenen, Flora und Fauna. So wurde über den dort heimischen Gürtelgrasfinken ebenso lange und erbittert diskutiert wie bei Stuttgart 21 über den Juchtenkäfer. Und dann muss die Kohle auch noch nach Indien transportiert werden - ausgerechnet über das berühmte Great Barrier Reef, das größte Korallenriff der Welt, hinweg. Das fragile Ökosystem des Weltkulturerbes ist sowieso schon in Gefahr, muss da der Tiefwasserhafen am Korallenmeer, der im Besitz der Adani-Gruppe ist, noch weiter ausgebaut werden, um die Kohle per Schiff nach Indien zu bringen? Lauter Fragen, mit denen der Siemens-Konzern auf den ersten Blick nicht viel zu tun hat, da er in den Bau nicht involviert ist.

Doch vom Minengelände zum Hafen soll eine Bahnstrecke führen, und an dem Punkt kommt Siemens ins Spiel: Der Konzern soll die Signalanlagen für die knapp zweihundert Kilometer lange Strecke zwischen Werk und Hafen liefern. Ein winziges Rädchen im großen Getriebe, scheinbar nicht weiter von Bedeutung. Ein Auftrag im Wert von weniger als zwanzig Millionen Euro, Peanuts aus Sicht eines Großkonzerns wie Siemens, nicht der Rede wert. Allerdings gibt es nur noch zwei Konkurrenten, die als Lieferanten in Frage kämen. Beide haben den Auftrag im Vorfeld abgelehnt. Sie hatten Bedenken - wegen der Proteste und weil sie fanden, dass die Belieferung eines riesigen neuen Kohlewerks nicht zu ihrer Ausrichtung passt. Auch im Siemens-Konzern hätten die Alarmglocken schrillen müssen, zumindest bei den Verantwortlichen vor Ort; die aber sahen in der Zusammenarbeit mit Adani kein grundlegendes Problem. Zumal die

Inder betonen, dass ihr Projekt über die effizienteste, modernste Kohlekraftwerkstechnologie verfüge und dadurch die CO_2-Emissionen weltweit um 550 Millionen Tonnen reduziere: «Wir haben das gleiche Ziel: den Klimawandel zu bekämpfen», heißt es seitens Adani. Nur sei eben nicht jedes Land mit dem Umbau der Energiesysteme gleich schnell. «Um seine Bürger mit Strom zu versorgen, braucht es in Ländern wie Indien übergangsweise fossile Brennstoffe.»

Joe Kaeser bekommt von all dem lange nichts mit. 15 000 Kilometer trennen Carmichael-Mine und Korallenriff von seinem Stammsitz in München, und als Vorstandsvorsitzender des Gesamtkonzerns kann sich Kaeser nicht mit jeder Zuliefercharge beschäftigen. «Das Projekt hat ein Auftragsvolumen von 18 Millionen Euro», hat er deshalb immer wieder betont, wenn es darum ging, warum er nicht eher eingeschritten ist. «Siemens macht etwa 50 Millionen Geschäft pro Stunde, das sind die Größenverhältnisse.»

Auch Greta hat von der in Australien entstehenden CO_2-Schleuder im Jahr 2018 wenig gehört. Aber ein anderes Mädchen geht auf die Barrikaden: die vierzehnjährige Milou Albrecht. Die Schülerin lebt in Castlemaine im australischen Bundesstaat Victoria. Im September 2018 erfährt sie über die sozialen Medien von Greta Thunberg im fernen Schweden, die für das Klima streikt. Sie und ihre Freundin Harriet O'Shea Carre beschließen, in Australien das Gleiche zu tun. «Wir haben festgestellt, dass die Erwachsenen einfach nicht genug tun, um den Klimawandel zu stoppen», schreiben sie am 31. Oktober 2018 in einem Kommentar für die Zeitung «The Age». «Stattdessen geben sie ihr Okay für den Bau massiver neuer Kohleminen wie die von Adani, die unsere Zukunft zerstören.» Aufgeschreckt wurden sie durch die heftigen Dürren und Buschfeuer, die sich in Australien ausbreiten und auch ihre Heimat in Victoria bedrohen. Fortan gehen die beiden Vierzehnjährigen freitags mit «Make Coal History»-Plakaten auf die Straße statt in die Schule. Sie gehören zu den allerersten Klimastreik-Kindern in Australien. Schon Ende November, am letzten Frühlingstag, organisieren sie mit Kampagnenvideo, eigener Website und Facebook-Gruppe einen «Big School Walk Out». Fünftausend Schüler ziehen an dem Tag durch Melbourne, eine ähnlich große Gruppe durch Sydney, tausend durch Brisbane, Hobart und andere Orte. Zehntausend sind es insgesamt, sie alle sind inspiriert von der Schwedin Greta Thunberg.

Milou und ihre Freundinnen hatten über die sozialen Medien Kontakt zu ihr aufgenommen, sich mit ihr per Skype beraten, wie ein so großer Streiktag am besten vorzubereiten sei. An dem Freitagmorgen nun fährt Milou mit zweihundert Mitschülern aus ihrer ländlichen Heimat mit dem Zug ins siebzig Meilen entfernte Melbourne. An den Ohren trägt sie selbstgebastelte Schilder, auf denen «Stop Adani» zu lesen ist. Sie ziehen bis vor das Old Treasury Building und fordern von der Regierung, den Bau der Carmichael-Mine zu verhindern, alle neuen Gas- und Kohleprojekte abzublasen und bis zum Jahr 2030 auf 100 Prozent erneuerbare Energien umzusatteln.

Aus der Ferne twittert Greta: «Time for bed in Sweden. But in Australia it's already morning and the 30th of November. Stand strong Australia. We are with you. #FridaysForFuture.» In Canberra belagern die Schüler das Parlamentsgebäude mit einer Nachricht für Premierminister Scott Morrison. Der lässt sich nicht blicken und reagiert erst am Montag mit den Worten, Schüler sollten «mehr lernen und weniger streiken». Sein damaliger Minister für Rohstoffe, Matt Canavan, pflichtet ihm bei: «Beim Demonstrieren lernen die Schüler nichts. Ich will, dass die Kinder in der Schule lernen, wie man eine Mine baut ... und wie man Öl und Gas fördert.» Greta nimmt die Aufforderung des Premiers, mehr zu lernen und weniger auf die Straße zu gehen, sofort auf und antwortet über Twitter: «Sorry, Mr. Morrison. Können wir nicht erfüllen.» Dafür bekommt sie Beifall von Jugendlichen auf allen Kontinenten.

Die Klimastreikenden sind also zu diesem frühen Zeitpunkt, Ende 2018, schon extrem gut vernetzt; Greta Thunberg, die unangefochtene Anführerin und Heldin, unterstützt ihre Mitaktivistinnen überall tatkräftig, auch im fernen Australien. Das Ganze nimmt über das Jahr 2019 weiter an Fahrt auf. Die Dynamik hat Joe Kaeser komplett unterschätzt, anders ist sein desaströses Reagieren nicht zu erklären, als die Geschichte über ihn und den Siemens-Konzern hereinbricht.

Schnell nämlich entdecken die Minengegner, dass sie verschiedene Wege gehen können, um den Bau zu verhindern. Einerseits üben sie Druck auf die Politik aus, auf verschiedenen Ebenen, von den Lokalpolitikern bis hin zur Regierung. Andererseits fordern sie die Partner, Zulieferer und Versicherer der Kohlemine dazu auf, Adani zu boykottieren. So haben die Schüler auch den US-amerikanischen Versicherungskonzern AIG bedrängt, die Kohlemine nicht zu versichern. Harriet O'Shea Carre reiste im September eigens nach New York zum UN-Klimagipfel, um sich mit dem AIG-Chef Brian Duperreault zu treffen. Der lehnte jedoch ein Gespräch ab und hält sich betont bedeckt, was die Versicherung der Mine angeht.

Am 10. Dezember 2019 unterzeichnen Siemens und Adani in Australien den Vertrag über die Signaltechniklieferung. Am nächsten Tag wird dies vor Ort durch Adani bekanntgegeben. Direkt danach gibt es die ersten Protestmails an Kaeser. «Hunderte. Tausende» laufen im E-Mail-Postfach des Vorstandsvorsitzenden ein, berichtet er. «Ich habe sofort gespürt: Wir haben ein Problem.» Kein wirtschaftliches, in dem Sinne hatte der Auftrag für Siemens kaum Bedeutung. Sondern ein kommunikatives.

Zunächst einmal schweigt der Konzern in der Hoffnung, dass sich alles wieder beruhigt. Doch die Wogen glätten sich nicht. Im Gegenteil, der Fall «Siemens und der Klima-Killer» zieht weltweit Aufmerksamkeit auf sich. Kaeser wird zum Feindbild der Umweltschützer, die ihn zum «Täter» gegen die Menschheit erheben und massiv gegen Siemens Stimmung machen, zum Streik vor den Werken aufrufen und von dem Münchner Konzern fordern, von dem Vertrag zurückzutreten. Siemens wischt die Forderungen weg mit dem Argument, wenn nicht sie die Signalanlagen lieferten, dann würde es jemand anderes tun. Der Bau der Mine gehe so oder so weiter.

Die Aktivisten aber wissen, dass von dem Rückzieher eines renommierten Traditionsunternehmens wie Siemens ein wichtiges Zeichen ausgehen würde. Einer ihrer Sprecher betont: «Sechzig Firmen haben bereits gesagt, nicht mit Adani kooperieren zu wollen.» Darunter der Bushersteller Greyhound und die Siemens-Konkurrenten Hitachi Rail und Alstom. «Die Signalanlagen sind eine kritische Infrastruktur, die nur wenige Hersteller bereitstellen können. Siemens hat es in der Hand, das ganze Projekt zu verzögern.» Für die Aktivisten wäre es ein Riesenerfolg, wenn sich der Konzern von dem Projekt zurückzöge. Dann könnten sie den Druck auf alle anderen Zulieferer und auch auf Versicherungen wie AIG erhöhen.

Siemens kann sich nicht länger totstellen. CEO Kaeser

setzt auf einen versöhnlichen Kurs mit den Aktivisten. Für Januar schlägt er ein Treffen mit Luisa Neubauer, dem Aushängeschild der deutschen «Fridays for Future»-Bewegung, vor. Am 10. Januar 2020 kommen die beiden zu einem Gespräch in München zusammen. «Ich finde den Einsatz der Generation fürs Klima richtig», hatte er zuvor bekannt und signalisiert, Siemens könne das Adani-Engagement noch einmal überdenken. Nach dem Treffen bietet er der Studentin Neubauer kurzerhand einen Posten in einem Aufsichtsratsgremium bei Siemens Energy, der abzuspaltenden Energiesparte des Konzerns, an. Neubauer ist zu dem Zeitpunkt «die deutsche Greta», Star jeder Talkshow-Runde, wird von Bühne zu Bühne gereicht und hofiert. Auf internationalen Podien sitzt sie gerne zur Rechten Gretas. Den Vorschlag eines Postens bei Siemens hatte sich Kaesers PR-Team als Coup gegen die Protestler ausgedacht. Wobei Kaeser selbst ein solches Kalkül weit von sich weist: «Das war kein PR-Gag.» Er habe versucht, «Fridays for Future» in Person von Luisa Neubauer einzubinden. «Protest ist keine Lösung.» Von da an ist er der Buhmann beider Lager: Die einen halten ihm vor, sich den Klimaaktivisten anzubiedern. Die anderen unterstellen ihm, er habe aus Profitgier versucht, die Aktivisten zu instrumentalisieren, ihr Renommee als Zeichen an Investoren, Geschäftspartner und Kunden zu missbrauchen.

Einen Tag später, am 11. Januar, schaltet sich Greta Thunberg in die Debatte ein und fordert Siemens zum Rückzug vom Kohleminengeschäft auf. Sie erhöht den Druck, indem sie an die Aktivisten appelliert: «Bitte helft dabei, sie dahin zu bringen, dass sie die einzig richtige Entscheidung treffen. #StopAdani» Über die sozialen Medien rufen die Aktivisten zu Protesten vor den Werkstoren an verschiedenen Siemens-

Standorten auf. Am Sonntag, dem 12. Januar, berät sich der Siemens-Konzern in der Sache Adani. An dem Abend nach der außerordentlichen Vorstandssitzung twittert Joe Kaeser: «Wir müssen unsere vertraglichen Verpflichtungen erfüllen.» Nach Abwägung aller Fakten und Gesprächen mit Dritten habe Siemens sich dazu entschieden, wie geplant die Signaltechnik zu liefern. Begeisterung klingt anders.

Siemens kann seinen Ruf als verlässlicher Partner nicht riskieren, zumal die rechtlichen Konsequenzen eines Rückziehers nicht absehbar sind. Der Konzern hätte wohl «unbegrenzt» haften müssen. Allerdings, so räumt der Konzernchef höchstpersönlich ein, sei die Entscheidung ein Fehler gewesen: «Wären wir noch einmal in der Situation, dass wir frei entscheiden könnten, fiele sie sicher anders aus.» Um Umweltfragen in Zukunft besser zu managen, wolle Siemens ein «wirksames Nachhaltigkeitsgremium» schaffen. «Wir sehen, dass wir auch indirekte Beteiligungen bei kritischen Projekten besser verstehen und frühzeitig erkennen müssen.»

Damit ist der Ärger aber noch längst nicht vom Tisch. In Wellen bricht es über Kaeser herein: Wie er es wagen könne, einer jungen Studentin ein Aufsichtsratmandat bei Siemens Energy anzutragen, muss er sich fragen lassen. Ob er denn die Anforderungen des Aktienrechts nicht kenne, wie solche Posten zu vergeben seien? Andere Top-Manager fassen sich ungläubig an den Kopf, was da bloß in den gewieften Geschäftsmann gefahren sei.

Dann erteilt Neubauer ihm auch noch einen Korb. «Mit dem Posten wäre ich den Interessen des Unternehmens verpflichtet und könnte Siemens nicht mehr unabhängig kommentieren. Das ist nicht mit meiner Rolle als Klimaaktivistin zu vereinbaren.» Sie schlägt stattdessen vor, den

Posten einem Wissenschaftler von Scientists for Future zu überlassen. Das wiederum lehnt Kaeser ab: Experten und Wissenschaftler hätten sie selbst genug. Wie ein begossener Pudel steht er da.

Bei den Investoren kommt das gar nicht gut an. Immerhin hatte der größte Vermögensverwalter der Welt, die New Yorker Blackrock-Gesellschaft, sich gerade zum Anwalt für den Klimaschutz aufgeschwungen und einen radikalen Kurswechsel in der Finanzwelt verkündet. In seinem jährlichen Brief an die wichtigsten Konzernchefs der Welt mahnt deren Chef Larry Fink: «Das Klimarisiko ist auch ein Anlagerisiko.» Von den CEOs fordert er ein neues Ökobewusstsein. «Im vergangenen September gingen Millionen Menschen auf die Straße, um Maßnahmen gegen den Klimawandel zu fordern. Viele von ihnen brachten die erheblichen und nachhaltigen Auswirkungen der Klimaveränderung für Wirtschaftswachstum und Wohlstand zum Ausdruck. Ein Risiko, das die Märkte bislang nur zögerlich zur Kenntnis nehmen. Aber das Bewusstsein ändert sich rasant, und ich bin überzeugt, dass wir vor einer fundamentalen Umgestaltung der Finanzwelt stehen.» Es werde zu «massiven Kapitalverschiebungen und -umschichtungen» kommen. Für den Blackrock-Chef, der für seine Kunden mehr als sieben Billionen Dollar verwaltet und an 15 000 Unternehmen beteiligt ist, bedeutet das konkret: «Wir werden uns von Anlagen trennen, die ein erhebliches Nachhaltigkeitsrisiko darstellen, wie zum Beispiel Wertpapiere von Kohleproduzenten. Wir werden neue Anlageprodukte auf den Markt bringen, die Investments in fossile Brennstoffe ausschließen.»

Der Brief ging auch an Siemens, BASF, Bayer und RWE, Allianz, die Deutsche Bank und Munich Re – allesamt Konzerne, an denen Blackrock Anteile hat. An Siemens hält der Fonds mehr als 5 Prozent. Nun befinden sich im Black-rock-Korb aber auch Aktien von Öl- und Gasriesen wie BP und Royal Dutch Shell, sodass die proklamierte Läuterung durchaus mit Skepsis zu betrachten ist. Doch liegt sie im Trend der Wall Street. Die Finanzwelt hat registriert, dass sich bei den jungen Menschen etwas ändert, worauf sie reagieren muss. So hat Blackrock sich der Klimabewegung Climate Action 100+ angeschlossen, bei der 370 Investoren mit einem Gesamtvolumen von 41 Billionen Dollar die 100 größten Umweltverschmutzer zu einem strategischen Umdenken zu bewegen versuchen. Im Zweifel gehen sie in ihren Portfolios zunächst eine Mischkalkulation ein – viele saubere Unternehmen gleichen die paar großen Dreckschleudern aus – und schichten dann nach und nach weiter um.

Entsprechend groß ist die Furcht bei Siemens Anfang Februar 2020, dass die Finanzinvestoren auf der Hauptversammlung dem Konzern wegen des Skandals um die Kohlemine die rote Karte zeigen. Als Kaeser sich Ende Januar auf den Weg nach Davos macht, ist er unter Beschuss. Eigentlich hatte er bei dem Treffen der Wirtschaftselite als Mittler fungieren wollen, um einen Ausgleich zwischen den jungen, streikenden Greta-Anhängern und Donald Trumps polternder Truppe zu finden. «Mein Wunsch war, dass wir alle zusammen den Klimawandel ernst nehmen und die kritischen Stimmen der Jugend hören», sagte er vor Journalisten. «Wie gelingt es uns, die Konflikte zu entschärfen?»

Dann aber hat der Siemens-Chef die Situation nicht mehr im Griff. Permanent wird er auf die Kohlemine und das Jobangebot für Luisa Neubauer angesprochen. Diese, ebenfalls mit Greta Thunberg in Davos vor Ort, macht weiter Stimmung gegen Siemens und den Chef. Er wisse um die «desaströsen Konsequenzen» durch die Mine, sagt sie in Interviews. Die Entscheidung, an dem zerstörerischen Projekt festzuhalten, sei «ein unentschuldbarer Fehler».

Knapp drei Wochen nach dem Gespräch mit der Jungaktivistin rudert Kaeser plötzlich zurück. Er habe Neubauer nie einen Aufsichtsratsposten bei Siemens Energy angeboten. Einen Job ja, aber nicht in dem mächtigen Kontrollzentrum, sondern in einem «Aufsichtsratsgremium für Umweltfragen», irgendein zu schaffender Gesprächs- und Beraterkreis. «Daraus wurde dann in der Öffentlichkeit ein Aufsichtsratsmandat.» Da fragten sich viele zu Recht, warum er dies nicht gleich richtiggestellt hatte. Warum ließ er alle Welt wochenlang darüber diskutieren, wenn er es doch ganz anders gesagt oder zumindest gemeint hatte? Warum hat niemand widersprochen? Neubauer bekommt von einem Mitaktivisten, Nick Heubeck, Rückendeckung: Kaeser habe bei dem Treffen «unmissverständlich von einem Posten im Aufsichtsrat von Siemens Energy» gesprochen, sagt dieser. Der Zickzackkurs des Konzernchefs mache deutlich, wie «stark er unter Druck stehe». Zudem teilen die «Fridays for Future»-Streiter mit, weiter gegen die Adani-Kooperation mobilmachen zu wollen: Sie seien nicht gewillt, «die Entscheidung von Siemens, an diesem aus Klimasicht katastrophalen Projekt mitzuwirken, zu akzeptieren».

Nun haben Klimaaktivisten in der Regel kein Mitspracherecht, geschweige denn ein Vetorecht gegen Aufträge eines Unternehmens. Die öffentliche Schlacht, die mittlerweile zwischen Klimarettern und Industrie tobt, gehorcht anderen Regeln. Gegen die Millionen Follower einer Greta Thunberg muss auch ein Großkonzern wie Siemens erst einmal ankommen. Zumindest Kaeser hat sich mit der Schlacht um einen glorreichen Abgang gebracht. «Bei solchen Themen kann man nicht gewinnen», sagte er vor der Hauptversammlung im Februar ganz richtig. Im März gibt Siemens, früher als erwartet, bekannt, dass Kaeser, dessen Vertrag noch bis 2021 läuft und der wiederholt mit einer Vertragsverlängerung kokettiert hatte, den Chefposten faktisch noch 2020 an seinen Kronprinzen übergeben wird. Von einer Verlängerung ist keine Rede mehr.

Die Rebellen haben den Kampf gegen Siemens beziehungsweise Adani zwar nicht gewonnen. Ein neues Umweltgremium bei Siemens war nicht das, was die Aktivisten erreichen wollten. Sie wollten vielmehr den Rückzug des Konzerns aus dem Projekt. Aber immerhin: Siemens und andere Großkonzerne werden neue Projekte und Aufträge künftig sehr sorgfältig prüfen, um einen solchen Image-GAU zu vermeiden. Doppelmoral und Doppelzüngigkeit mussten sie sich vorwerfen lassen. «Unternehmen können nicht Klimaschutz propagieren und gleichzeitig fossile Projekte unterstützen», so Luisa Neubauer. Eine gute Figur hat der Konzern dabei wahrlich nicht gemacht, ganz im Gegenteil: Er ist schwer ins Rudern gekommen. Das zeigt, wie schwierig es für Unternehmen wird, sich den Wellen des Protestes zu entziehen. Zumal die Hoffnung vergebens ist, Dinge irgendwo auf der Welt unter den Tisch kehren oder darauf spekulieren zu können, dass niemand davon Wind bekommt. Dazu sind die jungen Menschen über die Kontinente hinweg zu gut vernetzt. Wie Greta Thunberg einmal sehr treffend sagte: «Ich allein bin für Leute wie Trump keine Gefahr, aber ich bin Teil einer großen Bewegung, und das nehmen sie sehr wohl als Bedrohung wahr.»

4.

WIR RETTEN DIE WELT

DIE WIJSEN-SCHWESTERN GRÜNDEN
AUF BALI «BYE BYE PLASTIC BAGS»

Kann man Menschen mitreißen und die Welt verändern, wenn man erst zehn oder zwölf Jahre alt ist? Zumindest auf Bali scheint das möglich zu sein. So jung nämlich waren die Schwestern Isabel und Melati Wijsen, als sie sich entschieden haben, «Bye Bye Plastic Bags» zu gründen und das Plastikmüllproblem auf der Insel im Indischen Ozean anzugehen. Das war im Jahr 2013. «Wir wollten nicht warten, bis wir erwachsen sind, um etwas Großes zu tun. Wir dachten: Machen wir es einfach jetzt!», erzählen sie, wenn man sie fragt, was den Anstoß für ihr Engagement gegeben hat. Seit Mitte 2019 ist Einwegplastik auf Bali tatsächlich verboten – sicherlich nicht nur dank der Aktivistinnen, aber zu einem großen Teil ist dies das Verdienst der Schwestern.

Die beiden sind dort aufgewachsen, wo andere Urlaub machen. Ihre Mutter ist Niederländerin, ihr Vater Indonesier. Kennengelernt haben sich die Eltern bei der Arbeit auf einer traditionellen Pinisi, einem großen Segelschiff aus Holz, das Touristen zu den verschiedenen einsamen Inseln des Archipels transportiert. Auf dem Boot verbringen die beiden Schwestern die ersten Lebensjahre. Von Insel zu

Insel schippernd, schnorchelnd und schwimmend. Mit der Einschulung ist Schluss mit diesem Leben auf dem Wasser. Sie ziehen in ein Fischerdorf auf Bali, nur hundert Meter entfernt vom nächsten Sandstrand. Die Mutter vermietet nun Ferienhäuser, der Vater arbeitet als Antiquitätenhändler.

Von klein auf verbringen die Schwestern viel Zeit in der Natur. «Unsere Heimat war wild, wie im Dschungel», berichten sie. «Wir wussten nie, was passiert.» Alles ist voller Geheimnisse. Überall locken Abenteuer. Mit ihren Freunden streunen sie durch die Reisfelder oder schwimmen im Meer. Ein Paradies für Kinder. Allerdings trübt sich das Bild irgendwann. «Am Strand lag Müll. In den Wellen trieb Plastik. Überall.» Beim Schwimmen wickeln sich Plastikfetzen um die Arme der Kinder und Urlauber. Von Jahr zu Jahr wird es schlimmer. Ein Paradies sieht anders aus.

Warum nur, so fragten sich die Schwestern, tut niemand etwas dagegen? An einem Schultag im Jahr 2012 hören sie einen Vortrag über Helden wie Nelson Mandela und Mahatma Gandhi. Besonders Gandhi beeindruckt die Schwestern schwer. Auf dem Weg nach Hause diskutieren sie, ob sie auch so sein könnten: für eine Idee bedingungslos einstehen und etwas bewirken. Als Schüler. In ihrem Ort. Jetzt. Und was könnte das sein? Das Plastikproblem erscheint ihnen naheliegend und machbar. Eine erste Recherche im Internet, abends auf dem Wohnzimmersofa, bestätigt ihnen, was sie aus eigener Anschauung schon ahnen: Nicht nur ihr Ort, sondern ganz Bali, ja, ganz Indonesien hat ein riesiges Müllproblem.

Indonesien mit seinen 260 Millionen Einwohnern hat nach China das größte Plastikaufkommen der Welt. Täglich werden zehn Millionen Plastiktüten ausgegeben. Nur

5 Prozent davon wandern zurück in den Recyclingkreislauf. Millionen Tonnen Plastik landen Tag für Tag im Meer. 80 Prozent davon stammen aus dem Landesinneren, über die Flüsse gelangen sie ins Meer. Allein Bali produziert jeden Tag 3800 Tonnen Abfall, höchstens 60 Prozent davon landen auf einer Deponie. Ein großer Teil wird wild entsorgt. In den Wäldern und Feldern. Hinter dem Haus. In der Kanalisation.

Die Gründe für das Abfallproblem sind vielfältig. Die Infrastruktur des Inselstaats war nie auf die Millionen Touristen ausgerichtet, die Jahr für Jahr an die Bilderbuchstrände drängen. Eine funktionierende Müllabfuhr gibt es nicht, ein Entsorgungssystem fehlt. Was auf den Deponien im Landesinneren landet, bleibt meist einfach liegen, ohne getrennt oder wiederverwertet zu werden. Viele Indonesier, auch Betriebe und Fabriken, verbrennen das Plastik auf dem eigenen Grundstück, am Straßenrand, in den Bergen. Auf die schwelenden, stinkenden Müllberge stößt man überall. Erlaubt ist das nicht. Aber niemand kümmert sich darum, niemand geht den Verstößen nach.

Natürlich sehen auch die anderen Bewohner, nicht nur junge Mädchen, die alarmierenden Müllberge. Ende 2017 ruft Balis Regierung deshalb sogar den «Müllnotstand» aus. Aber Einwegplastik ist praktisch. Und billig. Jeder Laden drückt den Kunden die Einkäufe in Plastiktüten in die Hand. Völlig gedankenlos. Ein Bewusstsein für die Umwelt ist in der Bevölkerung kaum ausgeprägt, Alternativen zum Plastik fehlen. Die Bauern pflanzen ihren Reis auf Plastikmüll, die Fischer ziehen ihren Fisch aus Wasser voller winziger Kunststofffetzen. Schön findet das niemand. Aber was soll man machen?

Die Wijsen-Schwestern setzen sich in den Kopf, die katastrophalen Zustände und das Verhalten der Menschen zu ändern. Mut machen ihnen dabei ihre Eltern, die ihre Töchter nicht auslachen, sondern sie bestärken, sowie die Schule, die ihr Ansinnen sofort unterstützt. Allerdings ist die «Green School», die sie besuchen, keine gewöhnliche Schule. Es ist «die beste Schule der Welt», schwärmen die Schwestern. «Dort bringt man den Schülern bei, Leader von heute zu werden.»

Diese besondere Schule wurde 2008 vom US-Amerikaner John Hardy und seiner kanadischen Frau Cyntia gegründet. John Hardy war 1975 nach Bali gekommen, war begeistert von der Schönheit der Insel und blieb. Er baute eine Werkstatt auf, in der er mit balinesischen Handwerkern Schmuck produzierte, und wurde über die Landesgrenzen hinaus bekannt. Nach zwanzig Jahren erschien es ihm und seiner Frau an der Zeit, etwas Neues zu machen: Für ihre Töchter wollten sie eine Schule nach ihren Vorstellungen errichten. Sie sollte junge Menschen aus aller Welt zusammenbringen, um kreativ zu werden, sich gegenseitig zu inspirieren und die Natur zu bewahren. Es entstand eine Privatschule, mitten im Dschungel, am Ayung-Fluss in der Nähe von Ubud, erbaut aus dem, was die Natur hergibt: hauptsächlich aus Bambus, ohne Wände, dafür mit einer eigenen Wasseraufbereitungsanlage, an der auch die Bewohner der Gemeinde ihr Wasser kostenlos zapfen können. Inzwischen lernen hier fünfhundert Schüler aus dreiunddreißig Nationen in fünfzig kleinen Bambushäusern. Dreißig balinesische Schüler, die sich die Gebühren der Privatschule nicht leisten könnten, erhalten ein Stipendium. Die Wijsen-Schwestern gehörten zu den ersten achtzig Schülern der Green School.

2013 gründen Isabel und Melati «Bye Bye Plastic Bags»,

eine gemeinnützige Organisation, der sich bald zwei, drei Dutzend weitere Schüler anschließen. Sie versuchen, Kontakt zu Politikern vor Ort aufzunehmen, um über das Problem der Plastiktüten zu reden. Erfolglos. «Also mussten wir etwas unternehmen, um auf uns aufmerksam zu machen.» Sie organisieren eine Aufräumaktion, die größte Strandreinigung des Landes. Und dann noch eine und noch eine. Bald haben 45 000 Schüler an 325 Stellen auf Bali den Strand von 135 Tonnen Müll befreit. Der Nachschub aber nimmt kein Ende, es wird immer neuer Müll angeschwemmt. Und noch immer will kein Verantwortlicher mit ihnen reden. «Da kamen wir auf die Idee, Unterschriften zu sammeln», berichten die Schwestern. Eine Million Unterschriften würden den Druck auf den Gouverneur erhöhen. «Dann aber stellten wir fest, dass eine Million tausend mal tausend Unterschriften bedeuteten. Wie und wo sollten wir die zusammenbekommen?» Der beste Ort dafür wäre der Flughafen, beschlossen sie folglich. Auf Bali kommen schließlich täglich Tausende Urlauber an, sie sind Teil des Müllproblems. Nur darf auf dem Flughafengelände nicht jeder einfach Unterschriften sammeln.

Also machen die beiden Mädchen sich auf den Weg dorthin und fragen sich durch, mit wem sie wegen der Unterschriften reden müssen. Zuerst erklären sie dem Hausmeister am Flughafen ihr Anliegen. «Der schickte uns zu seinem Vorgesetzen, der zum stellvertretenden Abteilungsleiter, dann saßen wir irgendwann beim Abteilungsleiter, um schließlich wieder beim Hausmeister zu landen.» Nach etlichen Anläufen schließlich werden sie ins Büro des Flughafenchefs vorgelassen, «einem sehr netten Mann». Der hört ihnen zu und sagt am Ende: «Ich kann es selbst kaum glauben, was ich jetzt tue, aber ich gebe euch die Erlaubnis, im Ankunftsbereich Unterschriften zu sammeln.» Da springt tatsächlich einmal jemand über seinen Schatten! Und er hält Wort.

Innerhalb der ersten anderthalb Stunden haben die Mädchen die ersten tausend Unterschriften beisammen. Bald sind es Hunderttausende. Die Touristen zögern nicht lange, auch sie stört die Verschandelung ihrer Trauminsel. In den sozialen Medien tauchen immer mehr entsetzte Berichte und hässliche Fotos von Urlaubern auf, die von weißen Stränden und blauem Meer geträumt, sich dann aber zwischen Müllhaufen wiedergefunden haben. Natürlich unterstützen sie «Bye Bye Plastic Bags». Eine Unterschrift kostet ja nichts.

Die Aktion am Flughafen entwickelt sich zum riesigen Erfolg. Doch leider bringt das Ganze die jungen Müllbekämpfer keinen Schritt weiter: Die Verantwortlichen sind auch mit einer Petition nicht zu beeindrucken. «Das war eine der Lektionen, die wir lernen mussten: Rückschläge wegzustecken. Neu anzufangen. Anders zu denken.» In der Zwischenzeit haben die Wijsen-Schwestern auf Bali hohe Popularität erlangt, auch hierbei ist die Schule mit ihrem Netzwerk in die ganze Welt eine große Hilfe. Über sie kommen sie sogar in Kontakt mit Ban Ki-moon, dem damaligen Generalsekretär der Vereinten Nationen aus Südkorea, der ihnen jedoch erklärt, dass ein UN-Generalsekretär leider an keiner Petition teilnehmen dürfe. Er könne aber dabei helfen, ihre Idee eines müllfreien Balis zu verbreiten. Das öffnet den Mädchen viele Türen. «Da wurde uns erstmals bewusst, wie wichtig Kontakte und ein Netzwerk sind, um ein Anliegen voranzutreiben.»

Sie werden fortan zu Veranstaltungen und Diskussionen eingeladen. Die berühmte Affenforscherin und lebenslange

Aktivistin Jane Goodall unterstützt sie mit ihrem «Roots and Shoots»-Programm, die internationale Organisation Rotary lädt sie ein, Mitglied bei Interact, ihrem Jugendableger, zu werden. Aus anderen Teilen der Welt nehmen Jugendliche Kontakt zu den Schwestern aus Bali auf, um in ihrer Heimat ebenfalls «Bye Bye Plastic Bags»-Gruppen zu gründen. Sie sprechen auf Konferenzen in Jakarta, Sabah, Singapur und Sydney, reden an Schulen und Universitäten. Für ein Jahr nimmt die Mutter die beiden Mädchen aus der Schule und unterrichtet sie selbst. Dabei lässt sie ihren Töchtern eine außergewöhnliche, ziemlich privilegierte Art des Homeschoolings angedeihen: Sie reist mit ihnen durch Europa, zeigt ihnen ihre niederländische Heimat, Deutschland, Frankreich. «Das war Learning by Doing für uns», erzählen die Aktivistinnen. Geschichte, Kunstgeschichte, Architektur, alles vor Ort – im Louvre, am Fuße der Akropolis, im Anne-Frank-Museum in Amsterdam.

Zurück auf Bali, geht es weiter mit «Bye Bye Plastic Bags». 2014 werden die Wijsen-Schwestern zu einem großen Umweltkongress nach Mumbai eingeladen. Ihr erster großer internationaler Auftritt! Für ihre Rede dort erhalten sie stehenden Applaus. Ihre Freude freilich ist getrübt. Warum ernten sie überall Beifall für ihre Idee, nur vor Ort, auf Bali, geht nichts voran? Warum hört ihnen dort niemand zu, fragen sich die Schwestern frustriert.

Nach dem Vortrag nehmen die Eltern sie mit zum Haus von Gandhi, das man besichtigen kann. Die Schwestern sind, wie erwähnt, große Gandhi-Anhänger. Auf der geführten Tour nun erfahren sie viel über dessen Leben und Wirken. «Vor allem aber lernten wir, wie er seine Anliegen durchgesetzt hat: durch Hungerstreiks.» Danach steht für die Mädchen fest: «Jetzt wissen wir, was wir machen: Wir gehen in einen Hungerstreik.» Da sind sie zwölf und vierzehn Jahre alt. Ihre Eltern versuchen, sie davon abzubringen. Ihre Freundinnen und die Schule auch. «Aber wir meinten es ernst damit. Den Hungerstreik durchzusetzen war das bisher schwierigste Unterfangen überhaupt.» Die Eltern schalten einen Ernährungsberater ein, mit dem die Mädchen sich schließlich auf einen Kompromiss einigen: «Von Sonnenaufgang bis Sonnenuntergang werden wir so lange nichts essen, bis der Gouverneur von Bali sich mit uns zusammensetzt, um über das Plastikproblem zu reden.» In Interviews erklären sie selbstbewusst: «Wir haben schon so viel auf Bali erreicht, jetzt ist es an der Zeit, dass er uns zuhört. Wenn wir dafür hungern müssen, dann ist das eben so.»

Im November 2014 machen sie Ernst. Ihren Hungerstreik kündigen sie in den sozialen Medien an, die Nachricht verbreitet sich rasend schnell unter Schülern und Eltern. Schon am zweiten Tag werden sie direkt von der Schule abgeholt und ins Regierungsgebäude gebracht: Der Gouverneur empfängt sie, endlich. «Der war total nett und hat uns gedankt für unseren Einsatz für die Schönheit Balis.» Den netten Worten folgt zumindest eine Absichtserklärung: Der Gouverneur verspricht (und unterschreibt eine öffentliche Erklärung), ab 2018 auf Einwegplastik zu verzichten. «Wir hätten für unsere Aktion ins Gefängnis wandern können, aber es hat funktioniert.»

Nun müssen die Schwestern nur noch eines lernen: sich in Geduld zu üben. Hartnäckig zu sein. Die Unterstützer bei der Stange zu halten. Denn noch ist Bali weit entfernt davon, tatsächlich plastikfrei zu sein. Vor allem müssen Alternativen zum Plastik her. «Da kamen wir auf die Idee mit den Mountain Mamas.»

Sie bringen Frauen in den Bergdörfern bei, Taschen aus

alten Zeitschriften, Kartons oder gespendeten Stoffen und Kleidungsstücken zu nähen. Diese werden in den Läden und Boutiquen auf Bali verkauft. Mit dem Erlös unterstützen sie die Näherinnen, ein Teil geht zudem an die Kommunen. «Davon kann die Infrastruktur verbessert und eine Müllentsorgung aufgebaut werden, nur so geht es aufwärts in den abgelegenen Orten.» Sie bekommen Nähmaschinen gespendet, die niederländische Fluggesellschaft KLM gibt fünfhundert Taschen aus alten Stewardessuniformen in Auftrag. Sie gewinnen auch den Hilton-Konzern als Unterstützer: Die Hotels verpflichten sich nicht nur, auf Einwegplastik zu verzichten, sie schicken auch ihre alten Laken, Bettwäsche und Handtücher zu den Mountain Mamas.

Da sich auf der Insel noch immer nichts tut, starten die Schwestern ein Pilotprojekt. Sie können eine Gemeinde auf Bali davon überzeugen, den Plastikausstieg zu testen: Die achthundert Familien, die in dem Ort Pererenan leben, erklären sich bereit, auf Einwegplastik zu verzichten und umweltfreundliche Alternativen aus recyceltem Material zu verwenden. «Nach kurzer Zeit schon konnten wir dort zwei Drittel der Plastiktüten einsparen.»

Langsam steigt auch jenseits der Nichtregierungsorganisationen (NGOs), Umweltschützer und Weltverbessererszene das ernsthafte Interesse an Themen wie Klima, Müll und Mikroplastik im Meer. «Lange hatten wir keine Plattform», erzählt Melati Wijsen. «Medien interessierten sich kaum für unsere Themen.» Bestenfalls wurden die Mädchen für ihren wackeren Einsatz in so frühen Jahren gelobt. «Ja, wir waren Kinder. Wir hatten keinen Businessplan, keine feste Strategie, nicht einmal eine klare Vorstellung. Nur eine Idee.» Aber ihr Ziel vor Augen war real. So real wie das von Greta Thunberg.

Die Schwestern halten Vorträge bei den TED-Talks, einer alljährlichen Innovationskonferenz, sprechen vor der Weltbank, besuchen das Weltwirtschaftsforum in Davos. Mittlerweile sind sie international bekannt. 2017 erhalten sie in Deutschland den Bambi-Preis, viele andere Auszeichnungen folgen.

Ende Dezember 2018 passiert dann der entscheidende Schritt: Endlich macht die balinesische Regierung ernst und beschließt, ab Sommer 2019 Einwegplastik, Tüten, Strohhalme und Geschirr sowie Styropor auf der Insel zu verbieten. Wer dem nicht nachkommt, riskiert hohe Strafen. «Bye Bye Plastic Bags» hat mittlerweile mehr als fünfzig Zweigstellen, in Australien, Nepal, China, in Europa und auf den Philippinen sowie in Metropolen wie New York und Jakarta. Schließlich ist Plastik ein globales Problem, und die Welt hat das erkannt.

Alles wunderbar, ein riesiger Erfolg, oder? Natürlich, aber alles hat auch seine Schattenseiten. «Als ich achtzehn war, konnte ich nicht mehr», erzählt Melati am Telefon. «Ich war vollkommen ausgelaugt, hatte keine Kraft mehr. Alle gingen mir auf den Wecker.» Als Mädchen hatten sie gedacht, «Bye Bye Plastic Bags» sei eine nette Aktion für die Sommerferien. «Plötzlich stecken da sieben Jahre harte Arbeit drin.» Und irgendwann geht nichts mehr weiter, alle geben sich gegenseitig die Schuld daran. «Ich war so frustriert.» Ihre Geschichte ist ein leuchtendes Beispiel dafür, wie viel Kinder bewegen können, «weil wir Unmengen von Energie und Motivation haben». Aber das Weltretten zehrt. Mit achtzehn beschließt Melati deshalb, die Reißleine zu ziehen. Direkt nach dem Schulabschluss macht sie sich auf die Suche nach anderen Rebellen rund um den Globus, um von ihren Erfahrungen und Geschichten zu lernen, sich ihre Kämpfe,

Rückschläge und Erfolge erzählen zu lassen. «Das war meine Art von Gap Year.» Viel rumkommen, viel lernen, viel Arbeit. «Ich war völlig überrascht, wie viele Menschen überall auf der Welt für eine Idee eintreten und dabei zum Teil ihr Leben riskieren.» Sie macht daraus einen Film, «Bigger than Us».

Mit neuen Kräften und Ideen kehrt sie zurück. Das neueste Projekt der Schwestern heißt «Youthtopia». Dahinter verbirgt sich eine Lernplattform für junge Aktivisten und solche, die es werden wollen. Gerade als sie starten wollen, hält Corona sie allerdings auf Bali fest. Lockdown. Geplante Pop-up-Aktionen in Berlin, New York, Singapur, Budapest und Amsterdam fallen aus, alles muss verschoben werden. «Auf unbestimmte Zeit.» Das verschafft den Schwestern zumindest die Gelegenheit, ihr Onlineprogramm auszubauen. «Wir erleben einen globalen Aufschwung des virtuellen Lernens», sagt Melati Wijsen. Für ihre ersten Tutorials, Webinare und Onlinetalks registrieren sich junge Rebellen zwischen zwölf und vierundzwanzig Jahren aus aller Welt. «Unser Kampf geht weiter», sagt Melati Wijsen kämpferisch. «Wir haben ihn nur verlagert.»

ZWEI BRÜDER RUDERN AUF JAVA ÜBER DEN DRECKIGSTEN FLUSS DER WELT

Ist das Plastikverbot auf Bali nun das alleinige Verdienst der Schwestern und ihrer «Bye Bye Plastic Bags»-Helfer? Natürlich nicht. Für solche gewaltigen Schritte braucht es mehr. Ein Umdenken der maßgeblichen Politiker, ein gesellschaftliches Klima, das neuen Ideen zum Durchbruch verhilft, das einen anderen Umgang mit Ressourcen fördert, der Aufbau eines Recyclingsystems. Plastiktüten sind nur ein winziger Teil des Müllproblems.

Nun werden Menschen häufig erst dann aktiv, wenn der Druck riesig wird, der Status quo unerträglich und die wirtschaftliche Existenz bedroht ist. In Indonesien ist das inzwischen der Fall. Innerhalb von nur dreißig Jahren haben Massentourismus und Textilindustrie das einstige Naturparadies unübersehbar verschandelt. Wenn sich daran nichts ändert, ziehen die Touristen irgendwann enttäuscht weiter, und das Versprechen für allgemeinen Wohlstand ist dahin, wenn die Umsätze für Gastronomie, Hotels und Touristik einbrechen. Der Abfall aber bleibt. Dagegen formiert sich Protest.

In Indonesien sind es die jungen, gutausgebildeten Menschen wie die Wijsen-Schwestern, die an der Schule über Umweltschutz und Klimawandel, Plastikmüll und Kreislaufwirtschaft aufgeklärt werden, die Situation nicht mehr akzeptieren und aktiv werden. Erst sind es nur Einzelne, die hier einen Strand säubern, dort ein Dorf. Dann schließen sie sich zu landesweiten Aktionen zusammen, inspirieren sich gegenseitig, helfen einander. Sie klären auch die Älteren auf, die den Status quo nie hinterfragt haben. Sie machen Druck und finden Gehör - und manchmal sogar ihr persönliches Glück, wie sich am Ende des Kapitels zeigen wird.

Auf Balis Nachbarinsel Java sind es zwei Brüder, die gegen das Müllproblem kämpfen und mit einer spektakulären Aktion Aufsehen erregen. Auch sie tragen maßgeblich dazu bei, dass die Politik das Problem ernst nimmt und endlich reagiert. Im August 2017 starten Gary und Sam Bencheghib, zwanzig und achtzehn Jahre alt, eine so verrückte wie gefährliche Reise. Sie bauen sich aus Bambus und alten Plastikflaschen zwei Kajaks und paddeln zwei Wochen lang den Citarum-Fluss hinunter, von Majalaya im Süden der Provinz Bandung bis zur Mündung nach Pantai Bahagia. Achtundsechzig Kilometer auf dem «dreckigsten Fluss der Welt». Die Bilder, die sie unterwegs machen, sind schockierend.

Ihre ersten Jahre verbrachten die beiden Jungs in Paris, von dort zogen sie mit ihren Eltern nach Bali, damals waren sie neun und sieben Jahre alt. «Als Kinder sind wir oft surfen gegangen, fanden uns aber zunehmend in einem Meer voller Plastik wieder», sagt Sam Bencheghib. «Da haben wir angefangen, einmal in der Woche den Strand sauber zu machen.» Erst sind es nur die beiden zusammen mit ihrer Schwester Kelly, dann stoßen andere Kinder und Jugendliche zu ihnen. Die Wijsen-Schwestern sind nicht darunter, die säubern andere Strände auf Bali.

Über Nacht bekannt wurden die Brüder, als der indonesische Rockstar Superman is Dead bei einer ihrer Clean-up-Aktionen mithilft, das Ganze multimedial inszeniert und so öffentlichkeitswirksam unterstützt. Von da an strömen Hunderte zu den Aufräum-Events der Brüder. 2010 gründen sie «Make a Change Bali», eine NGO mit dem Ziel, Woche für Woche Balis Strände zu säubern. Da ist Gary vierzehn Jahre alt, sein Bruder zwölf.

Den Bencheghibs ist das nicht genug. Sie wollen ein Zeichen setzen. Und da sie gelernt haben, dass der meiste Dreck aus den Flüssen ins Meer gespült wird, wollen sie genau dort ansetzen. Bei der Recherche zur Verschmutzung der balinesischen Flüsse stoßen sie auf den Citarum-Fluss auf Java. «Wir hatten den dreckigsten Fluss der Welt direkt vor unserer Haustür. Warum also nicht gleich dort loslegen?», denken sich die Brüder.

So kommt es zu ihrer #PlasticBottleCitarum-Expedition auf dem größten Fluss Indonesiens. Er fließt durch West-Java und trägt dazu bei, dass in den 1990er Jahren in der Region das wirtschaftliche Zentrum der für Indonesien so wichtigen Textilindustrie entsteht: Dreitausend Textilfabriken siedeln sich an den Ufern an. Diese Firmen erwirtschaften zusammen bald ein Sechstel des indonesischen Bruttoinlandsprodukts. Der bequeme Zugang zum Wasser ist das Hauptargument für die Textilindustrie, dort Fabriken hochzuziehen. Für das Färben und Bleichen der Textilien braucht es Unmengen von Wasser, das nach vollbrachter Arbeit – als dreckiges Abwasser – wieder in den Fluss geleitet wird. Natürlich haben die Produktionsstätten Auflagen. Theoretisch sind sie verpflichtet, ihr Wasser zu reinigen, bevor es in den Fluss gelangt. Doch Verstöße sind nur sehr schwer zu ahnden. Zudem leiten auch Millionen von Haushalten ihren Privatmüll und ihr Abwasser in den Fluss.

Das Resultat ist grauenvoll. Auf dem Wasser und am Grund des Flusses treibt Müll, an den Ufern türmen sich die über Jahre hinweg angeschwemmten Abfallreste. Hinzu kommen giftige Gase. Die Fabriken, in denen für die einschlägigen Modemarken Jeans gebleicht sowie Shirts und Sweater gefärbt werden, verbrauchen Tag für Tag Tonnen giftiger Chemikalien, die häufig nicht fachgerecht entsorgt oder recycelt, sondern einfach in den Fluss geleitet werden. Es stinkt dort bestialisch.

Zwei Wochen lang paddeln die Brüder durch die widerliche Brühe. Durch Berge von Müll bahnen sie sich ihren Weg zum Fluss, waten durch Morast aus Abfällen und schmutzigem Schaum, bis sie die Boote besteigen können. Jede Etappe dauert drei, vier Stunden, bevor sie wieder an Land gehen, um sich zu erholen. Erschöpfend ist die körperliche Anstrengung, an vielen Stellen verlangt ihnen jeder Paddelschlag durch die Müllreste enorme Kraft ab, sodass ein Vorwärtskommen kaum möglich ist. Noch schlimmer, noch anstrengender ist die Konzentration, die es erfordert, so zu paddeln, dass sie nicht durch Spritzer in Kontakt mit dem giftigen Wasser kommen. «Es war schockierend.» Zwischen all dem Plastik, Dosen, Essensresten, ausrangierten Möbeln und Bauschutt fahren sie vorbei an toten Katzen, Hunden und Affen. Die schmierige Wasseroberfläche schillert an vielen Stellen in den giftigsten Farben, von Rostrot über Blaugrün bis zu Tiefschwarz. Vom Ufer her weht ihnen immer wieder dunkler Rauch illegaler Müllverbrennungen entgegen. «Alle drei-, vierhundert Meter gibt es solche wilden Verbrennungsstätten.» Dazwischen stehen winkende Kinder, die sie nur mühsam davon abhalten können, barfuß zu ihnen in das verseuchte Wasser zu kommen, um ein Stück mitzufahren. «Die kennen es gar nicht anders.» Häufig tragen die Brüder Masken, um den giftigen Gestank abzuwehren. Lange Handschuhe schützen die Arme, Gummistiefel die Füße, Schutzanzüge oder lange Kleidung ihre Körper vor Spritzern. Aber gleich am zweiten Tag kentert einer der beiden und landet im Fluss. Noch Tage später juckt sein Körper.

Die Brüder dokumentieren die ganze Strecke und stellen die Videos ins Netz. Sie hoffen, damit Menschen auf Java dazu zu bringen, am Fluss aufzuräumen, so wie sie es an Balis Stränden gemacht haben. Vielleicht würde der eine oder andere Fabrikbesitzer von lokalen Politikern und der Bevölkerung dazu gedrängt, sich an die Umweltauflagen zu halten. Nie aber hätten sie damit gerechnet, dass der indonesische Präsident Joko Widodo sie kontaktieren würde.

Von der Politik war wenig zu erwarten. Die Regierenden

hatten schließlich bisher auch nichts unternommen. Es ist ja nicht so, dass das Müllproblem des Flusses ein Geheimnis wäre. Schon 2013 hat Greenpeace das Wasser untersucht und in den Proben Kadmium, Blei und Kobalt gefunden. Umweltschützer finden immer was, könnte man nun einwenden, Alarmismus ist ihr Geschäft. Aber auch von anderer Seite, die kaum unter Verdacht steht, parteiisch zu sein, wird dem bis in die 1980er Jahre unberührten Fluss ein katastrophaler Zustand bescheinigt: Die Weltbank verleiht dem Citarum die unrühmliche Auszeichnung «dreckigster Fluss der Welt». Alle früheren Versuche, das gekippte Ökosystem dort wiederaufzubauen, sind gescheitert. Zu viele Behörden sind beteiligt. Zwar ist der Staat für die Richtlinien verantwortlich, aber der Fluss fließt durch ein Dutzend Provinzen, in denen die Behörden vor Ort dafür zuständig sind, die Auflagen durch- und umzusetzen. Keine Stadt, keine Dorfgemeinschaft aber will ihren Industriestandort, an dem wichtige Arbeitsplätze hängen, gefährden, wenn die Nachbarprovinzen nicht mitziehen. Politik eben.

Jugendliche scheren sich nicht um die Verantwortlichkeiten und politischen Manöver der Erwachsenen. Ihnen erscheint nichts unmöglich. Alles ist machbar. Wenn sie also eine Idee haben, dann machen sie einfach. «Unsere Eltern waren total gegen die Kajakfahrt», sagt Gary Bencheghib, der heute in New York als Filmemacher lebt, in einem Gespräch mit dem Red-Bull-Magazin. Sie hätten Angst wegen der Gifte gehabt. «Aber sie konnten uns nicht aufhalten. Uns läuft die Zeit davon. Im Jahr 2050 werden wir mehr Plastik als Fische im Meer haben, 80 Prozent davon gelangt über die großen Flüsse dorthin. Das müssen wir verhindern.»

Präsident Widodo nimmt die Brüder tatsächlich ernst.

Zwei Wochen nach der aufsehenerregenden Paddeltour verspricht seine Regierung den Jungs ein Notfallprogramm: Innerhalb von sieben Jahren soll das Wasser des Citarum wieder trinkbar sein. «Gary», sagt der Politiker bei einem Treffen in die Handykamera der Jungs, «du wirst sehen, dass dieser Fluss in sieben Jahren der sauberste überhaupt ist.» Dafür setzt Widodo einen Plan auf. Verantwortlich für die Säuberung ist das Militär.

Die Brüder sind nicht naiv in ihre Fahrt gestolpert, sie haben sie intensiv geplant und vorbereitet. Schon die Wahl der Paddelboote war durchdacht. Die alten Plastikflaschen sind nicht nur ein Hingucker und ein perfekter Stabilisator für die schmalen Kajaks. «Vor allem sollen sie den Menschen zeigen, dass Müll ein Rohstoff ist, ein wertvolles Material, das sinnvoll wiederverwendet werden kann.»

Schon im Vorfeld der Tour haben sie Kontakt zu den Einheimischen vor Ort aufgenommen. «Wir sind zwar in Indonesien aufgewachsen», erklären sie, «aber wir wollten nicht, dass sie denken, da kommen jetzt zwei weiße Expats und zeigen uns, wie's geht.» Sie wollten um jeden Preis vermeiden, wie unerwünschte Eindringlinge zu wirken. «Die Unterstützung, die wir bekamen, war überwältigend.» Die Menschen halfen ihnen, behördliche Genehmigungen zu besorgen, gaben ihnen Tipps, wie sie sich gegen die Gifte schützen können («mit Ethanol einreiben») und ließen sie während der Tour bei sich zu Hause übernachten, luden Anwohner zu Gesprächen und Diskussionen ein. «Aufklärung ist das Wichtigste», sagen die Jungs im Rückblick: «Wir haben uns auch Gedanken gemacht, was unser Film zeigen und aussagen sollte.» Sie wollten kein alarmistisches Video zusammenstellen, in dem sie mit dem Finger auf politische Versager und die böse Industrie zeigen. «Das kann heute doch keiner mehr sehen. Wir wollten etwas Positives präsentieren: was man tatsächlich machen und erreichen kann.»

Außerdem überlegten sie sich genau, wie sie ihre Reichweite steigern, ihre Botschaft am besten vermarkten können. «Indonesien ist einer der größten Social-Media-Märkte der Welt.» Dass die junge Generation über diverse Kanäle so vernetzt ist wie keine zuvor, erweist sich als ihre große Chance. Über Facebook und WhatsApp-Gruppen präsentieren sie die Etappen ihrer Fahrt und sind innerhalb kürzester Zeit im ganzen Land bekannt. Ein professioneller Kameramann begleitet sie auf der gesamten Tour, macht oft auch Aufnahmen per Drohne aus der Luft. Der Film zeigt auf beeindruckende Weise das Ausmaß der Zerstörung – so schlimm hatte es sich niemand vorgestellt.

Zwei Wochen nach der Expedition meldet sich der Präsident, anscheinend selbst schockiert, um die Jungs zu einem Clean-up-Gespräch einzuladen. Kurz darauf gibt er die Pläne zur Säuberung des Flusses öffentlich bekannt. Die Devise lautet nun: «No Plastics». Die Brüder erhalten die Erlaubnis, die Fortschritte von Militär und Behörden über die gesamte Zeit hinweg zu dokumentieren. «Aus dem zweiwöchigen Projekt ist jetzt ein Sieben-Jahres-Job geworden.» Aber nur weil es auf dem Papier einen Plan gibt, selbst mit einem so klangvollen Namen wie das Regierungsprojekt «Citarum Harum», duftender Fluss, heißt das noch nicht, dass sich auch etwas tut. «Die eigentliche Arbeit hat jetzt erst begonnen», wissen die Brüder.

Siebentausend Soldaten sollen die Kloake bis 2025 in ein tropisches Paradies mit Trinkwasserqualität verwandeln. Dafür stellt die Regierung dreieinhalb Milliarden Euro zur Verfügung. Mit Booten sammelt das Militär den Abfall ein;

an besonders schlimmen Stellen, den schmalen Passagen, an denen man das Wasser oft gar nicht mehr sieht, schöpfen Bagger mit riesigen Schaufeln tonnenweise Müll aus dem Wasser und verladen ihn auf Laster, die sich um die Entsorgung kümmern. Fabriken, die gegen die Umweltauflagen verstoßen, werden geschlossen. Über tausend sollen es schon sein.

Um den Müll schon früher, an den Seitenarmen des Flusses, zu stoppen, bauen die Bencheghib-Brüder zusammen mit einem deutschen Start-up und dem Militär Hunderte von schwimmenden Barrikaden ins Wasser, in denen der Müll hängenbleibt; nur die Fische können untendrunter durchschwimmen. Noch kämpfen die Müllfanganlagen von Plastic Fischer aus Solingen mit den starken Strömungen und dem Druck von vielen Tonnen Abfall. Dem ersten Monsunregen haben sie erfolgreich getrotzt. Fast täglich waren Gary Bencheghib und die Helfer unterwegs, um Schäden auszubessern und die Barrikaden nachzujustieren – trotz Corona-Lockdown, immer mit Maske.

Die Brüder haben ständig neue Ideen. Sie agieren von New York (Sam) und Bali (Gary) aus; ihre Organisation, die sie zusammen mit ihrer Schwester Kelly leiten, hat ihren Sitz in Paris. Aus «Make a Change Bali» wurde «Make a Change World», mit ihr wollen sie überall auf der Welt die Aufmerksamkeit auf besonders verschmutzte Regionen richten. Sam ist 2019 einmal quer durch die Vereinigten Staaten gerannt, zu Fuß von New York bis zum Pazifik. Als er Ende Februar 2020 in Santa Monica ins Meer sprang, lagen dreitausendachthundert Kilometer hinter ihm. Hundert Marathons war er gelaufen. Zweiunddreißig Kilometer am Tag, sechs Tage die Woche, fast sechs Monate lang. Er war durch die brütende Hitze in der Wüste gelaufen und durch den kniehohen Schnee der Rocky Mountains. Und wofür das alles? «Um auf das Müllproblem in den Meeren aufmerksam zu machen.»

Dabei hatte es sich Sam zur Aufgabe gemacht, «zero waste» zu hinterlassen. Auf der gesamten Tour sollte also kein Müll anfallen. Übernachtet hat er mit seinem kleinen Helferteam im Camper. Gekauft und gegessen wurde nur unverpacktes Essen («Leider haben Bananen immer einen Plastikaufkleber, um den kommt man nicht herum»). Sam trug von oben bis unten Ökoklamotten, in der Kälte bis zu fünf Schichten übereinander. Bis hin zu den Schuhen. Die Laufschuhe aus recyceltem Plastik hat ihm Adidas gestellt. Ein bisschen Werbung darf sein. Sechs Paar hat er verbraucht.

Nach diesem Muster planen die Brüder ein weiteres Projekt in Florida, am Lake Okeechobee in den Everglades. Der riesige Binnensee verwandelt sich durch den Zufluss agrarwirtschaftlicher Abfallprodukte wie Phosphate, Salze und organische Rückstände in eine stinkende, toxische Algenbrühe. Mehrfach mussten die wunderschönen nahe gelegenen Atlantikstrände in St. Lucie und Palm Beach geschlossen werden, es wurde der Notstand ausgerufen. Zehntausende von Fischen, Meeresschildkröten, Kormorane und Pelikane sind dort in den letzten Sommern wegen der Red Tide, einer aggressiven Algenart, die den Tieren den Sauerstoff aus dem Wasser entzieht, verendet. Ebenso Delfine, Walhaie und Seekühe.

Auch privat tut sich einiges. 2018 lernen die Bencheghib-Brüder die Wijsen-Schwestern kennen. Erstaunlich, dass sie sich nicht schon früher über den Weg gelaufen sind. Sie planen verschiedene gemeinsame Aktionen, um auf den Plastikmüll im Wasser aufmerksam zu machen. Zusammen umsegeln sie Bali auf einem recycelten Boot (das erste, das sie innerhalb von fünf Wochen aus Bambus selbst zusammenbauen, säuft nach ein paar Minuten ab). An verschiedenen Stellen, an Stränden, Flussläufen und auf hoher See, nehmen sie Proben und lassen sie auf Plastik untersuchen: «Die Ergebnisse waren besorgniserregend.» Sie reden an Schulen über das Plastikproblem und tauschen sich mit den vielen anderen Organisationen und Helfern aus, die in den Nationalparks, an einzelnen Stränden oder in den Gemeinden gegen den Müll kämpfen. Wochenlang sind sie gemeinsam unterwegs. 2020 tauchen Gary und Melati zusammen auf dem Weltwirtschaftsgipfel in Davos auf – als Liebespaar. Aktivismus verbindet.

DIE TRINKWASSER-KITS EINER INDERIN

Sahithi Pingali ist umgeben von Wasser aufgewachsen. Lange ist der Inderin aus Bengaluru das allerdings gar nicht aufgefallen. Als Kind hatte sie keinen Blick für das, was um sie herum vorging. Schon gar nicht für die hässlichen Seiten: dass die vielen Seen in der Stadt immer weniger werden, weil sie neuen Wohnkomplexen weichen müssen; dass sie zunehmend verdrecken, weil das Abwasser der rasant wachsenden Metropole in sie geleitet wird; dass die Seen stinken und sich, besonders wenn es regnet, meterhoher Schaum bildet, der dann über die Ufer tritt und in riesigen Flocken durch die Straßen treibt.

Dem Mädchen war nicht bewusst, dass Seen einfach verschwinden können, weil sie zuwuchern. «Jahrelang habe ich aus dem Fenster auf einen See geblickt, ohne zu wissen, dass da ein See ist. Man sah überhaupt kein Wasser, nur Grünzeug», erzählt die Schülerin 2017, als sie in Houston einen renommierten Wissenschaftspreis für ihre Erfindung erhält: ein kinderleicht zu bedienendes Testkit, um die Wasserqualität von Seen, Flüssen oder auch Leitungswasser zu prüfen. Das Gerät hatte sie selbst entworfen, nachdem ihr eines Tages die Verschmutzung der Gewässer bewusst geworden war.

Ihre Wahrnehmung änderte sich an dem Tag, als sie einen der größten Seen der Stadt, den Bellandursee, brennen sah. Das war im Frühjahr 2015. Pingali ist zu diesem Zeitpunkt fünfzehn Jahre alt und fragt sich plötzlich: Wie kommt es, dass unsere Seen in Flammen aufgehen? Wasser sollte das Feuer doch löschen, oder nicht? Schlagartig ist das Interesse der Schülerin geweckt.

Ihr Leben nimmt von da an einen anderen Lauf. Pingali fängt an, die Ursachen der brennenden Seen zu erforschen. Die Antworten, die sie findet, verstören sie zutiefst und machen sie zur Wasseraktivistin. Denn 90 Prozent der Seen in Bengaluru sind verseucht. «Wir haben Seen, die Feuer fangen. Die tatsächlich brennen. Und Seen, die wild schäumen», sagt Pingali. «Jeder sieht das, keiner tut etwas.» Zumindest tut sich zu wenig.

Bengaluru, auch Bangalore genannt, wurde einst als «Stadt der vielen Seen» gerühmt. Mehr als tausend Seen waren im 16. Jahrhundert künstlich als Trinkwasserreservoir für die Bewohner der Stadt angelegt worden. Dank des angenehmen Klimas, der innerstädtischen Seen und zahlreichen Parkanlagen hat sich Bengaluru im vorigen Jahrhundert zu einem beliebten Rentnerparadies entwickelt. Der Charakter der Stadt ändert sich, als der golden glänzende Fortschritt einzieht. In den 1990er Jahren siedeln sich immer mehr IT-

Unternehmen in der Stadt an. Bengaluru mausert sich zum Silicon Valley Indiens. IBM, Microsoft – alle internationalen Tech-Konzerne eröffnen hier Niederlassungen, die große IT-Zentren, massenhaft Ingenieure und die Nachwuchselite anlocken. Die Stadt boomt, Baufirmen ziehen eine Hochhaussiedlung nach der anderen hoch, dazu Bürokomplexe und Industriezentren. Die Stadt platzt aus allen Nähten. Mit bald dreizehn Millionen Einwohnern ist Bengaluru nach Mumbai und Delhi nunmehr die drittgrößte Stadt Indiens.

Die Kehrseite des explosionsartigen wirtschaftlichen Aufschwungs: zu viel Verkehr, zu viel Müll, zu viele Menschen. Innerhalb von vierzig Jahren haben die asphaltierten Flächen um 1000 Prozent zugenommen, während der Anteil der Grünflächen um fast 90 Prozent schrumpfte. Von den ehemals tausend Frischwasserseen bleiben dreiundneunzig verschmutzte Gewässer. Die Infrastruktur hält mit dem Wachstum nicht Schritt. Aus «Garden Village» wird die «Garbage City», die Müllstadt.

Die Folgen sind verheerend. Das Indian Institute of Science warnt seit 2016, dass das Silicon Valley Indiens in wenigen Jahren nicht mehr bewohnbar sein wird, wenn die Entwicklung so fortschreitet. Seit 2012 herrscht hier Dürre. Die Trinkwasserquellen sind erschöpft. Nach Angaben des zuständigen Amts für Wasserversorgung und Abwasserentsorgung sinken die Grundwasserstände immer weiter ab.

Im Jahr 2015 brennt zum ersten Mal einer der Seen. Danach immer wieder. Anfang 2018 dauert es dreißig Stunden, um den Brand auf dem Bellandursee zu löschen. Im Umkreis von knapp zehn Kilometern regnet Asche auf Balkone, Straßen und Autos herab. Zwei Wochen später das gleiche Bild: Diesmal dauert der Brand zwölf Stunden. Die Bilder gehen um die Welt. Was da brennt, ist ein Mix aus Pflanzen, Haushaltsabfällen und Industriedreck. 40 Prozent des ungefilterten Abwassers der Stadt landen in dem See. Fabriken leiten ihr Abwasser direkt hinein. Anwohner laden ihre Müllsäcke am Ufer ab, invasive Pflanzen wuchern so massiv, dass das Wasser oft gar nicht mehr zu sehen ist. Mit schwimmenden Mähdreschern versucht die Stadt, dem grünen Teppich aus Algen, Hyazinthen und Seegras einigermaßen Herr zu werden. Trotzdem überwuchert das Grünzeug alles. Eine wunderschön blühende Hölle. Laster kippen ganze Containerladungen Bauschutt und anderen Dreck ins Wasser. Nacht für Nacht, über Jahre hinweg. Einhalt gebietet ihnen kaum jemand. Zwar hat man damit begonnen, die Seen einzuzäunen, doch bislang kann das die illegalen Müllabladungen nicht verhindern. Auf den Seen bildet sich eine anaerobe, sauerstofflose Umgebung, in der sich Methan entwickelt. Da braucht es nur einen winzigen Funken, schon entzünden sich die Flammen an flüssigen oder festen Substanzen an der Wasseroberfläche.

Pingali und andere Bewohner sorgen sich nicht nur wegen der Brände. Da sind auch noch die meterhohen Schaumberge. Sie haben ihren Ursprung wohl in den Unmengen von Wasch- und Reinigungsmitteln, Shampoo oder auch Zahnpasta, die durch das Abwasser in den See gelangen. Vom Wind werden die stinkenden Schaummassen in die anliegenden Straßen und Gebäude getragen. Meterhoch türmen sie sich mancherorts, versperren Autofahrern die Sicht. Fußgänger und Mopedfahrer ducken sich zwischen ihnen hindurch, halten sich die Nasen zu und versuchen, die Augen zu schützen. «Es sieht dann aus, als seien die Straßen schneebedeckt», schreibt die «Times of India».

Zwei große Kläranlagen sollen Abhilfe schaffen. Wenigstens beim Abwasser, denn auch die Konzentration von E.-coli-Bakterien ist viel zu hoch. Doch das allein wird nicht reichen, um die Verschmutzung unter Kontrolle zu bringen. Weder hier noch anderswo in Indien. Das Land steht weltweit an fünftletzter Stelle des Environmental Performance Index, den die US-Universitäten Yale und Columbia zusammen mit dem Weltwirtschaftsforum erstellen.

Und was macht eine Millionenstadt wie Bengaluru, solange die neuen Klärwerke noch nicht in Betrieb sind? Sie baut hohe, engmaschige Netze neben die Straßen, damit der Schaum dort hängenbleibt. Das bekämpft die Symptome, nicht die Ursachen. «Es ist erstaunlich, wie viele Menschen die Katastrophe einfach ignorieren», meint Pingali. «Ich war einer davon.» Weil sie es nicht anders gewohnt war. Es war schrecklich, aber normal. So erinnert sie sich daran, wie sie als Kind, immer wenn sie mit dem Bus am Varthursee, dem am meisten stinkenden See in Bangalore, vorbeifuhren, schnell die Fenster schlossen, egal wie heiß und stickig es war, und riefen: Alle Mann die Luft anhalten. «Das war alles. Das war unsere Art, mit dem Problem umzugehen.» Die meisten Anwohner halten die Fenster wegen des Gestanks geschlossen, ziehen die Vorhänge zu, um den qualmenden See nicht zu sehen. Sie halten sich die Nase zu, wenn sie zu nahe an einen See kommen. Wenn irgend möglich, bleiben sie einfach auf Abstand zu den Gewässern. Dass es auch anders sein könnte, dass ein See ihnen als Naherholungsgebiet Lust und Laune bereiten könnte, der Gedanke kommt ihnen gar nicht erst.

Die Schülerin beschließt, dass das alles nicht so bleiben kann. Um etwas zu ändern, tritt sie der Schulinitiative «Our Lakes, Our Voice» bei. Sie fahren zu den Seen, um die dort lebenden Menschen zu befragen. «Menschen, die dort jeden

Tag auf der Straße sind, die nicht in einem klimatisierten Bus oder Auto schnell vorbeifahren können. Die sich ständig Tücher, Masken oder Taschentücher vor Mund und Nase halten, wenn sie draußen sind.» Dabei beobachtet sie jemanden, der einen Eimer Wasser aus der verschmutzten Brühe holt und damit die Tomaten wässert, was sie verstört: «Das hier ist verrückt! Das hat in mir einen Hebel umgelegt, sodass ich dachte: Ich muss etwas tun.»

Sie will wissen, was genau einen See zum Brennen bringt, welche Verunreinigungen den Schaum verursachen. Die Fünfzehnjährige beginnt zu recherchieren und stellt voller Erstaunen fest, dass sie zu den Verunreinigungen kaum konkrete Angaben finden kann. «Das ist doch merkwürdig: Wie sollen wir eine Lösung finden, wie die Verschmutzung der Seen stoppen, wenn wir gar nicht wissen, womit wir es genau zu tun haben?» Vor der Frage «Wie ich kann das Problem lösen?» stehe doch die Frage «Was liegt hier eigentlich vor?». Sie ärgert sich auch darüber, dass die wenigen existierenden Daten in schwer zugänglichen Studien vergraben sind, die noch dazu in einem unverständlichen Wissenschaftsjargon verfasst sind. Das will sie ändern. Die Daten müssen doch offen zugänglich sein, findet sie.

Und sie hat auch schon eine Idee, wenn auch vorerst nur eine vage: «Ich wollte etwas erfinden, womit die Menschen feststellen können, wie die Qualität eines Gewässers ist und mit welcher Art von Verschmutzung man es zu tun hat.» Und das möglichst ohne Spezialwissen oder hochwissenschaftlichen Background, ohne teures und aufwendiges wissenschaftliches Equipment. Ein einfaches Testkit, mit dem man anhand einer Probe erkennen kann, ob man das Wasser trinken, darin schwimmen oder wenigstens angeln kann.

Ganz allein macht sie sich an die Arbeit. Fast ein Jahr lang fährt die Zwölftklässlerin jede Woche zu den trostlosen Gewässern – bewaffnet mit blaugrünen Plastikbechern, einem Block und einem Stift. Vorsichtig watet sie in den See, füllt einen Becher mit Wasser, vermerkt die genauen GPS-Koordinaten, fährt zum nächsten Kontrollpunkt, wiederholt die Prozedur. Zu Hause gießt sie die Proben in Flaschen um, die sie für ihr Testverfahren braucht. Das ist kein Spiel. Kein Spaß. Sahithi Pingali baut eine kleine Box mit verschiedenen elektronischen Sensoren, in die sie einen Teststreifen legt, wie sie ihn aus dem Chemieunterricht kennt. Dann fotografiert sie den Teststreifen mit ihrem Handy, die Software wertet die Verschmutzung der Seen aus. Die Daten landen in der Cloud.

So will sie nach und nach eine Weltgesundheitskarte für Gewässer erstellen. Nicht sie alleine. Schüler, Studenten, jeder, der Proben nimmt und sie mit ihrem Kit auswertet, trägt zum Aufbau der Karte bei. Crowdsourcing nennt sich das. Jeder hilft mit. Je mehr, desto besser und genauer wird die Karte.

Eine ziemlich geniale Idee, finden die Jurys etlicher internationaler Nachwuchsforscherpreise, für die Pingali sich bewirbt. Ende 2016 erhält sie von der Initiative for Research and Innovation in Science (IRIS) den Großen Preis für indische Nachwuchswissenschaftler. Als stolze Gewinnerin darf sie im Sommer darauf nach Houston reisen, wo zweitausend Finalisten aus achtundsiebzig Ländern am weltweit größten und renommiertesten Forschungswettbewerb für Schüler, an der Intel International Science and Engineering Fair, teilnehmen dürfen. Auch hier räumt die Inderin mit ihrem Projekt «A New Approach to Monitoring Lakes in Developing Countries: Crowdsourcing Environmental Science» die Preise ab. Von der International Association of Women Geoscientists erhält sie den «Student Award for Geoscience Excellence». Und dann wird Pingali noch eine ganz besondere Ehre zuteil: Das Lincoln Laboratory am Massachusetts Institute of Technology (MIT) benennt einen kleinen Stern in der Milchstraße nach ihr.

Zu den Preisverleihungen reist sie mit den Eltern und den beiden jüngeren Schwestern. Auf der IRIS-Preisverleihung wird sie gefragt, wie es ihr geht. Sie überlegt kurz und sagt dann lächelnd: «Am liebsten würde ich jetzt ein paar Rückwärtssaltos machen. Wenn ich das könnte. Ich wünschte, ich wäre etwas athletischer.» In dem Punkt muss sie passen. Sport war nie ihr Ding.

Als kleines Mädchen hatte sie davon geträumt, Schriftstellerin zu werden. Mit zehn schreibt sie Gedichte. Bald aber überwiegt das Interesse an den Naturwissenschaften, an Mathe und vor allem an der Umweltforschung. Schon in der achten Klasse arbeitet sie sich durch Lehrbücher fürs College. Sie nimmt an Online-Examen für Studenten teil, anfangs nur aus Spaß. Als sie merkt, dass sie den Aufgaben durchaus gewachsen ist, wächst ihr Ehrgeiz.

Pingali ist in allem, was sie macht, extrem diszipliniert. Ihr Vater erzählt, dass sie Tagespläne Wochen im Voraus erstellt und sie dann auch penibel einhält. Wenn die beiden kleinen Schwestern länger aufbleiben, um einen Film zu schauen, geht die große Sahithi trotzdem um einundzwanzig Uhr ins Bett.

Ihre Eltern fördern und unterstützen die ambitionierte Tochter früh. Die Mutter ist klassische Tanzlehrerin, kümmert sich aber vorwiegend um die drei Töchter. Der Vater ist ein renommierter Wissenschaftler und Top-Manager bei IBM. Auf der Preisverleihung in Houston sagt er einem Reporterteam voller Stolz: «Mir fällt niemand in der Familie ein, der jemals unser Land international bei einem Wettkampf oder einer Veranstaltung vertreten hätte. Jetzt hat sie den Preis für Indien gewonnen, und unser Nachname steht nun am Sternenhimmel.»

Einen eigenen Stern am Himmel. Welcher Teenie kann das von sich sagen? Und über wen wurde schon ein Film gedreht? Pingali und drei andere Nachwuchstalente werden in einer eigenen Dokumentation porträtiert. «Inventing Tomorrow» heißt der Film von Laura Nix, der in den USA auf dem Sundance Film Festival 2018 Premiere feiert. Die Filmemacherin war sehr beeindruckt von den jugendlichen Forschern, die Lösungen für Umweltprobleme in ihren Kommunen entwickeln. Sei es für die dreckige Luft in der mexikanischen Stadt Monterrey, die durch Zinnerzabbau verursachte Meeresverschmutzung im indonesischen Bangka, für arsenverseuchten Boden in Hilo auf Hawaii oder eben für Pingalis giftige Seen. «Die jungen Forscher aus den Entwicklungsländern haben die großen Probleme vor Augen und zeigen Führungsqualitäten, die meine Generation vermissen lässt», sagt Nix in einem Interview. Pingalis Eltern stimmen ihr zu. «Die Generation ist viel umweltbewusster als wir», sagt ihr Vater. «Sie öffnen uns die Augen.» Und ihre Mutter ergänzt: «Es ist gut, dass Menschen wie Sahithi über lustige Smiley-Emoticons hinausgehen und einen Bezug zu den Problemen der realen Welt schaffen.»

Mittlerweile studiert die Inderin in Stanford. Sie hat unglaublich viel gelernt, seit sie mit ihren Kits angefangen hat. Sie hat mit schlauen Wissenschaftlern zusammengesessen und diskutiert. Das Schwierigste aber seien nicht die wissenschaftlichen Probleme in Biologie, Chemie, Datenanalyse oder Informatik gewesen. Das Schwierigste sei das Präsentieren, es zu schaffen, «dass andere an deine Idee, an deinen Lösungsansatz glauben». Vor allem, wenn man noch so jung ist wie sie.

Dabei war es nicht so, dass die Schülerin am Anfang gewusst hätte, wie ein solches Testgerät funktionieren könnte. Sie musste sich erst in die Materie einlesen, Lehrer und Wissenschaftler befragen. Sie war kein «Genie», das mit sechzehn Jahren ihr Umfeld über Nacht mit einer Erfindung überraschte, sondern eine ehrgeizige, wissbegierige Schülerin, die eine Idee hatte und sich trotz vieler Rückschläge nicht von der Umsetzung abbringen ließ. Der Weg zum funktionierenden Prototyp war hart, gesät mit Fehlversuchen. Nach drei Monaten hat sie ein erstes Kit entwickelt, aber es funktioniert nicht. Also fängt sie von vorne an, baut ein neues. Auch das ist unbrauchbar. «So ging es weiter, es war frustrierend.» Zugleich merkt sie, dass sie dennoch jedes Mal ein kleines Stück vorankommt.

Neben den Rückschlägen erschwert auch die fehlende Kompetenz ihr Projekt, aber das lässt sich ausgleichen. Das nötige Wissen eignet sie sich nach und nach an. Schlimmer ist die Erfahrung, immer wieder zurückgewiesen zu werden, wenn sie Professoren oder Wissenschaftler um Hilfe bittet. «Zu jung», heißt es etwa, als sie vorspricht, um das Labor an einer Universität nutzen zu können. «Die haben mir dann ein Lehrbuch geschickt, mich aber nicht in ihr Labor gelassen. Ich solle in ein paar Jahren wiederkommen.»

Erst als sie die ersten Preise gewinnt, ändert sich das, gewinnt sie das Zutrauen von Älteren. «Dafür sind die Auszeichnungen sehr hilfreich.» Plötzlich nimmt man sie ernst. Lädt sie auf Veranstaltungen und Kongresse ein. Dort trifft sie andere junge Forscher, tauscht sich mit ihnen aus. Mit manchen ist sie bis heute befreundet, lernt dadurch neue

Mentoren kennen. «Endlich kam ich mit Menschen zusammen, die daran glauben, dass du etwas hinbekommst, auch wenn du noch jung bist.»

Für sie ist es völlig logisch, dass ihre Generation die treibende Kraft ist, um die Lebensumstände der Menschen zu verbessern. «Das Erste ist, den Status quo nicht zu akzeptieren. Ich glaube, viele in meiner Generation haben das verstanden. Sie sagen, so geht es nicht weiter. Das kann anfangs eine winzige Veränderung sein, aus der etwas Großes entstehen kann. Alle, die jetzt gerade dabei sind, die Welt zu verändern, haben einmal klein angefangen.»

Auch Pingalis Idee wächst. Neben dem Studium hat sie mit einem Stanford-Kommilitonen das Start-up WaterInsights gegründet. Denn es gibt viel zu tun, bis die Wasserqualität sich auf der ganzen Welt verbessert. Zwei Millionen Tonnen Müll landen weltweit Tag für Tag in den Gewässern. Mehr als ein Drittel aller Seen in Amerika sind zu dreckig, um dort zu angeln, zu schwimmen oder Wassersport zu treiben. In Indien sind 80 Prozent der Wasseroberfläche kontaminiert, das führt zu gesundheitlichen Schäden und Trinkwasserknappheit, heißt es auf der Homepage des Start-ups. «Water-Insights will das ändern.»

Bald soll es das Testkit zu kaufen geben. Elf verschiedene Verunreinigungen kann es erkennen, kosten soll es weniger als zehn Rupien, also etwa zehn Cent. Mit jedem Test wächst die Wassergesundheitskarte. Blau bedeutet, dass man das Wasser bedenkenlos und ungefiltert trinken kann. Lila, dass man das Wasser zwar nicht trinken, aber darin baden kann. Orange, dass das Wasser einzig zum Betrieb industrieller Kühlbetriebe zu gebrauchen ist.

Auch in Bengaluru bleibt die Situation der Seen bedenklich. Ein vernünftiges Wassermanagement ist schon deshalb kompliziert, weil fünf staatliche und mehrere lokale Behörden darin involviert sind. Eine der Behörden hat bereits vor Jahren eine Belastung des Wassers mit Schwermetallen festgestellt. Die Fischbestände sinken. Im Ulsoorsee treiben immer wieder Tausende Fische tot an der Oberfläche. Schuld an dem Ersticken waren wohl der Zufluss organischer Materialien, chemische Verunreinigungen und die gestiegene Wassertemperatur. 2016 hat eine Wasserschutzbehörde ein Memorandum mit kurzfristigen und langfristigen Maßnahmen verfasst, um die Wasserqualität zu verbessern. Bis 2020 wurde davon gerade einmal eine einzige umgesetzt – indem man die Verbreitung invasiver Wasserhyazinthen eingedämmt hat. «Der Varthursee ist tot» – zu diesem vernichtenden Urteil kommt das Indian Institute of Science, das Proben untersucht hat. Ein Gewässer wird als «tot» klassifiziert, wenn die Rate des gelösten Sauerstoffs unter 50 Prozent sinkt.

Trotz all der Hiobsbotschaften ist die junge Studentin optimistisch, was die Seen ihrer Heimat angeht: «Seen sind ziemlich widerstandsfähig. Man nennt sie nicht umsonst ‹die Nieren der Natur›. Sie können sich aus eigener Kraft regenerieren.» Allerdings nur bis zu einem gewissen Grad. «Wir sind leider weit über diesen Punkt hinausgeschossen. Erst wenn wir die Verschmutzung einschränken und die Gewässer wiederbeleben, können sie sich erholen.» Große Hoffnung machen Pingali private Initiativen. Überall auf der Welt steigt das Bewusstsein für den Wert von sauberem Wasser, immer mehr Bewohner setzen sich für eine bessere Wasserqualität ein und kümmern sich um die Gewässer. «Meistens stecken junge Menschen dahinter», meint sie. «Ich glaube, wir Jungen suchen in allem, was wir tun, nach dem tieferen Sinn, weil wir mit dem Klimawandel aufwachsen.» Die Erfahrung fehle älteren Menschen, deshalb sei es für sie einfacher wegzuschauen. Oder schwieriger, die drohenden Veränderungen zu erkennen. «Für uns Junge ist das Realität, seit wir auf der Welt sind.»

5.

WIR BESTIMMEN SELBST, WER WIR SIND!

DEM GRAUEN DER KINDEREHE ENTKOMMEN

Wie Natasha Mwansa in Sambia Leben rettet

Natasha Mwansa hat Feuer in sich, das spürt jeder, der ihr begegnet. Wenn die Achtzehnjährige redet, dann strömt die Energie nur so aus ihr heraus, ergreift den Saal und alle Gäste, die dort sitzen und ihr zuhören: Wow, wie mitreißend ist diese Teenagerin! Selbst wenn ein Star wie Greta Thunberg neben ihr sitzt, wie im Januar 2020 auf einem Podium in Davos, dann vergessen die dreihundert hochkarätigen Gäste aus aller Welt bei Natasha Mwansas Auftritt, dass sie eigentlich gekommen waren, um die viel berühmtere, sehr zornige Klimaretterin zu hören. Sie stellt Greta in den Schatten, übernimmt mit ihren Themen die Hoheit über die Debatte auf der Bühne. Plötzlich geht es nicht mehr um CO_2-Ausstoß und Erderwärmung, sondern um das Schicksal junger Frauen rund um den Globus, die als Kind in eine Ehe gezwungen und um ihre Zukunft gebracht werden.

Denn das ist Natasha Mwansas Anliegen. Sie selbst kennt die Schicksale der jungen Frauen. Sie kommt aus Sambia, wo es bis heute Teil der Tradition ist, Mädchen in einem Alter zu verheiraten, in dem sie noch nicht einmal von Jungs träumen. Mit zehn Jahren, mit zwölf, das ist durchaus normal. «Es ist unmenschlich», sagt Mwansa, die sich für Mädchen- und Frauenrechte einsetzt, seit sie selbst zwölf Jahre alt ist. «Die meisten Mädchen wissen nicht einmal, dass es Alternativen zur Kinderehe gibt. Dass sie andere, eigene Entscheidungen treffen können über ihr Leben.»

Mwansa fordert, dass das aufhört. Viele Ältere, Männer wie Frauen, werfen ihr deshalb vor, mit der afrikanischen Kultur zu brechen. Sie widerspricht: «Wir brechen doch nur mit den schlechten, überkommenen Bräuchen, um ein besseres, stärkeres Afrika aufzubauen.»

Laut UN-Kinderhilfswerk Unicef werden weltweit jedes Jahr zwölf Millionen Mädchen vor ihrem achtzehnten Geburtstag verheiratet. Die Zahlen sinken zwar, sind aber in vielen Ländern immer noch hoch: In Äthiopien wurden früher alle Mädchen verheiratet, bevor sie achtzehn wurden, heute sind es noch 40 Prozent. In Indien, wo bis vor wenigen Jahren jedes zweite Mädchen verheiratet wurde, trifft es heute jedes vierte. Das ist nicht richtig. Und es verstößt gegen internationales Recht. Dabei spielen die näheren Umstände und Motive keine Rolle. Ob eine Kinderehe aus Liebe oder zumindest mit dem Einverständnis des Mädchens geschlossen wurde oder ob es sich gegen seinen Willen in eine Zwangsehe fügen muss – eines bleibt immer gleich: Jede Kinderehe ist ein Verstoß gegen international geltendes Recht, weil sie weitreichende Folgen für die kindliche Entwicklung hat. Deshalb hat die internationale Staatengemeinschaft sich darauf geeinigt, diese Praxis bis zum Jahr 2030 komplett zu beenden. Für Mädchen wie für Jungs. Auch Letztere heiraten zum Teil vor der Volljährigkeit, allerdings kommt das fünf Mal seltener vor als bei Mädchen. Der Klassiker ist: alter Mann, junge Braut.

Kinderehen gibt es auf der ganzen Welt – quer durch Länder, Religionen und ethnische Gruppen. Am häufigsten treten sie auf, wo Armut oder Bürgerkrieg herrscht, wo religiöse oder kulturelle Zwänge stark und die Ausbildungschancen für junge Menschen sehr gering sind. Dann nämlich meinen Eltern, ihre Töchter durch eine Heirat zu schützen und sie für die Zukunft abzusichern. Am weitesten verbreitet und kulturell stark verankert sind Kinderehen in der Subsahara und im südlichen Asien. Die Zahlen, die Unicef dazu vorliegen, sind erschreckend: In Zentral- und Westafrika heiraten demnach etwa 40 Prozent der Mädchen vor dem achtzehnten Geburtstag, 13 Prozent sind sogar nur 14 Jahre alt oder jünger. Im südlichen Asien liegt der Anteil bei knapp 30 Prozent, in Lateinamerika und der Karibik bei 25 Prozent. In manchen Ländern sind Kinderehen noch verbreiteter, als die Durchschnittswerte es vermuten lassen: Die meisten Kinderbräute gibt es in Niger (in 79 Prozent aller Eheschließungen), in der Zentralafrikanischen Republik (68 Prozent), im Tschad (67 Prozent) und in Bangladesch (59 Prozent). Auch in Burkina Faso, im Südsudan und Guinea ist jede zweite Braut minderjährig. Und der schändliche Brauch wird nach Europa exportiert.

2016 lebten in Deutschland 1500 Minderjährige in einer Ehe, die meisten davon stammten aus Syrien, Afghanistan und dem Irak. Bis dahin war hierzulande eine Eheschließung ab 16 Jahren möglich, sofern die Eltern zugestimmt haben. 2017 wurde diese Regelung reformiert. Seither dürfen Ehen erst ab 18 geschlossen werden. 2019 wurden daraufhin – zumindest formal – nur noch 162 Kinderehen registriert. Die Dunkelziffer allerdings, so warnt die Frauenrechtsorganisation Terre des Femmes, ist in migrantischen Familienverbünden hoch.

Die Schicksale der Mädchenbräute sind häufig traurig, zum Teil grausam, Menschenrechtsorganisationen können davon zahlreiche Geschichten erzählen: Was etwa will die fünfzehnjährige Sonjida aus Bangladesch mit einem dreiundsiebzigjährigen Mann? Er ist glücklich: «Für mich hat das keine Nachteile. Sie kümmert sich um mich, den Haushalt, die Familie. Sie gibt mir alle Freude der Welt.» Sie dagegen ist schwanger. Und sie hat Angst: «Ich habe Angst davor, dass er stirbt. Wie kümmere ich mich dann um das Baby?»

Miria Nanjuya aus Uganda wurde mit zwölf Jahren schwanger. Sie wurde gezwungen, die Schule zu verlassen und zu heiraten. Ihr Mann schlug und misshandelte sie, bis sie die Unicef-Hotline anrief. Jetzt muss sie den zweijährigen Sohn alleine erziehen. Irene, ebenfalls aus Uganda, wurde als Fünfzehnjährige von einem Fünfundzwanzigjährigen vergewaltigt. Daraufhin wollten die Eltern sie zwingen, den Täter zu heiraten, um die «Schmach» wiedergutzumachen. In ihrer Not kontaktiert sie eine Hilfsorganisation, die sie vor der Zwangsehe bewahrt. Danach beginnt sie eine Ausbildung als Friseurin und eröffnet einen eigenen kleinen Haarsalon.

Auch Neria aus Malawi wehrte sich gegen die Ehe mit einem älteren Mann, die ihre Eltern vereinbart hatten. Sie wendet sich an die Müttergruppe an ihrer Schule, die schaltet den Dorfobersten und die Polizei ein. Neria, heute sechzehn, muss nicht heiraten, sie darf weiter zur Schule gehen und hat sich mit den Eltern versöhnt. Nach dem Abschluss will sie Krankenschwester werden.

Die Welt ist voller solcher Schicksale, und wir werden in späteren Kapiteln noch Mädchen kennenlernen, die durch eigene Erfahrungen zu Aktivistinnen gegen die Kinderehe wurden. Nun werden Missstände, ob gesellschaftliche oder ökologische, bisweilen mit wirtschaftlichen Zwängen begründet, doch nicht einmal die taugen für dieses Thema als Ausrede. Selbst aus rein ökonomischer Sicht spricht alles gegen die Kinderehe. Allein in Afrika entsteht dadurch - nach Berechnungen der Weltbank - jedes Jahr ein Schaden von 68 Milliarden Dollar. Um so viel höher könnte das Volkseinkommen sein, könnten die Teenager sich frei entfalten. Denn wenn Mädchen verheiratet werden, gehen sie anschließend meist nicht mehr zur Schule. Und jedes verlorene Jahr an Schulbildung schmälert ihre Chancen und auch das Bruttoinlandsprodukt. Anders gesagt: «Jedes zusätzliche Schuljahr hebt das spätere Einkommen eines Mädchens um 10 bis 20 Prozent.»

Natasha Mwansa kann die Fakten nur so herunterrattern. Nicht monoton, sondern voller Wut. Dabei ist sie selbst keine Betroffene. Ihre Eltern haben sie in keine Ehe gezwungen. Im Gegenteil: «Sie haben mir immer vermittelt, dass Bildung entscheidend ist.» Sie durfte auf eine gute Schule in der Stadt Lusaka gehen. Später studiert sie an der Universität Sambia Medienwissenschaften, Kommunikation und Politik. Eines Tages will sie, so ihr Traum, Generalsekretärin der UNO werden. Ihr Kampf gegen die Kinderehe ist für den Posten quasi das Traineeprogramm.

Zur Aktivistin fühlt sie sich früh berufen. Dafür gibt es kein Schlüsselerlebnis, keinen Erweckungsmoment. Es ist eher ein Prozess, der in der Grundschule einsetzt. Als die Familie in die Stadt zieht, kommt Natasha auf eine Schule mit vielen Kindern aus reichen Familien. «Ich war die kleinste in meiner Klasse, die jüngste und die cleverste.» Grund genug, sie zu mobben. Irgendwann setzt sie sich verbal zur Wehr: «Da habe ich gemerkt, welche Kraft in meinen

Worten und meiner Stimme steckt.» Denn nun weint nicht mehr sie, sondern die anderen weinen. «Ich war nicht mehr Opfer, sondern Täter.» Als ihr bewusst wird, dass sie allein durch ihre Worte stark genug ist, um andere zu verletzen, sagt sie sich: «Dann kann ich meine Stimme auch für eine gute Sache einsetzen.»

Systematisch trainiert sie ihre Stimme, ihr Auftreten. Sie geht in einen Debattierclub, in einen Lyrikclub, in den Wissenschaftsclub, in diverse Sportvereine. «Ich habe sogar gemodelt.» Sie erhält etliche Auszeichnungen, alle sind beeindruckt von der Ausstrahlung und Willensstärke der Schülerin.

Mit zwölf Jahren startet sie durch als Aktivistin. Zunächst schließt sie sich einer NGO an. Im «Media Network on Child Rights and Development» sammelt sie erste Erfahrungen als «Child Rights Advocate». Eine Kämpferin für Kinderrechte – als nichts anderes sieht sie sich heute, sechs Jahre später.

Zudem nimmt sie damals an einer National Reality Show teil, «The Junior President», in der zehn Kandidaten für eine Art Präsidenten-Training ausgewählt werden. Sie sollen sich in die Rolle eines Staatschefs hineinversetzen – politische Ziele entwickeln, ein eigenes Kabinett aufstellen, aber auch «banale Dinge» bedenken. Zum Beispiel müssen sie sich überlegen, was ein Staatenlenker wann und wo an Kleidung trägt. Den Titel als «Junior President» gewinnt Natasha nicht. Aber durch die Sendung wird ihr klar: «Ich will Verantwortung nicht nur im Spiel, sondern wirklich übernehmen.» Das tut sie heute bereits – für Kinder und junge Menschen, für die «Stimmlosen», wie sie sie nennt. «Und ich werde so lange nicht still sein, bis die Erwachsenen wahrnehmen, dass wir über unser Leben selbst bestimmen können.»

Ebenfalls im frühen Alter von zwölf Jahren gründet sie

eine eigene Stiftung, um jungen Menschen eine Stimme zu geben. Ihr geht es dabei vor allem um Mädchen- und Frauenrechte. «Wir können nicht warten, bis afrikanische Regierungen bereit sind, uns Mädchen eine Plattform zu geben», fordert sie auf dem African Union Girls Summit, den sie mehrfach besuchen darf. «Wir müssen heute über unsere Rechte reden. Wir müssen über die Kinderehe sprechen und sie abschaffen.»

Denn den Mädchen bleibt durch die Kinderehe nicht nur ihr Recht auf Bildung versagt. Sie sind auf Gedeih und Verderb den Launen des – in der Regel deutlich älteren Mannes – ausgesetzt. Viele von ihnen erleiden Gewalt. Sie verlieren ihr Selbstwertgefühl oder entwickeln erst gar keines, sie leben in lebenslanger Abhängigkeit von ihrem Mann. Und sie werden – noch selbst ein Kind – schwanger. Und wieder schwanger. Und immer wieder, wie Natasha klagt: «Viele wissen nichts über Verhütung, nicht einmal, dass es Hygieneartikel für die Menstruation gibt. Über all das wird gerne geschwiegen in Afrika. Aus Scham oder weil die Frauen und Mädchen sich die Artikel nicht leisten können. Und wer soll die Mädchen nach einer Heirat über diese Dinge aufklären? Ihr Ehemann?»

Mwansa will das Schweigen beenden. Nicht nur über Tampons, «die Tage» und Verhütung spricht sie deshalb. Sie fordert «das Ende der Kinderehe. Weltweit». Dafür arbeitet sie unter anderem mit einem Unicef-Programm zusammen, das mit Mädchen und Frauen aus ländlichen Gemeinden «in einer geschützten Umgebung» redet. 74 000 Mädchen in Mosambik und 27 000 in Uganda wurden auf diese Weise aufgeklärt und geschult: in Fragen der Gesundheitshygiene, in Kursen, die sich mit Finanzen beschäftigen, und in «Go Back to School»-Kampagnen.

133

Auf die ersten Preise in der Schule folgen bald zahlreiche weitere Ehrungen für ihr außergewöhnliches soziales Engagement. Die bedeutendste erhält sie von der Weltgesundheitsorganisation. Diese zeichnet sie – als jüngste Preisträgerin aller Zeiten – 2019 mit dem «Global Health Leaders»-Award aus. «Das kam völlig unerwartet, ich wusste nicht einmal, dass die meine Arbeit kannten.» Der Titel bringt ihr weltweite Anerkennung, Aufmerksamkeit und öffnet ihr viele Türen.

So wird die Rebellin Mwansa vom Internationalen Währungsfonds zu einer Veranstaltung eingeladen, ungewöhnlich genug für eine Schülerin, die mit Wirtschaft und Finanzen nichts am Hut hat. Die Teilnehmer wollen von ihr wissen, in welche Projekte Geldgeber ihrer Meinung nach in Afrika investieren sollten. «Die finden Afrika interessant, sie sehen, dass sich da etwas tut, dass es sich lohnt, dort zu investieren», sagt Mwansa. Und was rät ihnen die Studentin? «Natürlich sollen sie in junge Menschen investieren, in Bildungs- und Gesundheitsprojekte.»

Im Juni 2019 darf sie in Kanada auf der «Women Deliver»-Konferenz auftreten, einer der größten internationalen Bühnen für Frauen- und Mädchen-Empowerment. Bei der Eröffnungsveranstaltung sitzen der kanadische Premier Justin Trudeau, der kenianische Präsident Uhuru sowie die Staatschefs von Ghana und Äthiopien auf der Bühne – und die gerade achtzehn Jahre alt gewordene Natasha Mwansa. Vier Minuten Redezeit werden ihr zugestanden. Gleich ihr erster Satz führt zu Jubelrufen aus dem Publikum: «Stop doing things for us without us because they might be against us.»

Nach einer halben Minute hält es sie nicht mehr auf ihrem Platz, sie fragt, ob sie aufstehen könne («Dann fühle ich mich stärker»), aber da steht sie schon längst und legt in atemberaubendem Tempo los: «Wir brauchen Gleichberechtigung, wir brauchen sie jetzt, und wir brauchen ein finanzielles Budget dafür. Regierungen reden gerne von Gleichberechtigung, von Frauen-Empowerment, und wenn man dann in den Haushalt schaut, ist ein Budget von Nullkommanull-Irgendwas eingeplant – so funktioniert das nicht.» Premier Trudeau sitzt nickend daneben und klatscht, ist sichtlich beeindruckt. Die achttausend Zuhörer jubeln, stehen auf und applaudieren. Nach einer Minute und vierzig Sekunden erhebt sich Trudeau ebenfalls und schließt sich auf der Bühne den Standing Ovations an, alle anderen Teilnehmer des Panels folgen seinem Beispiel, auch der Präsident Kenias, der in seinem Land die Kinderehe noch längst nicht erfolgreich bekämpft hat. Mwansa wirft ihm einen Blick zu, der alles sagt: Wie stolz sie ist, dass er ihr zuhört, dass er aufgestanden ist und bei ihren Worten klatscht. Und er klatscht auch, als Mwansa Politiker kritisiert und ihnen Ratschläge gibt: «Ich möchte nicht, dass mein Präsident, meine Regierung sich für mich überlegt, was ich als junger Mensch später haben möchte. Ich will, dass er mich fragt, was ich für meine Zukunft brauche, und dass er mir verspricht, die nötigen Voraussetzungen dafür zu schaffen. Und das dürfen keine leeren Versprechungen sein. Politiker können wunderbar reden, nicht wahr, Leute, das kennen wir! Aber wir wollen sehen, dass sich etwas tut. Und wenn sie nicht handeln, dann müssen wir sie dafür verantwortlich machen. Das sind sie uns schuldig!» Das sitzt.

Dabei ist Natasha Mwansa keineswegs verbittert, sie sieht die Welt durchaus auf einem guten Weg. Die Mächtigen handeln. Zumindest manchmal, in Ansätzen. So wurden einige ihrer Forderungen, die sie 2018 auf dem Girls Summit zum Thema Kinderehe an die anwesenden Führungspersönlichkeiten, Minister und Staatschefs gestellt hatte, daraufhin tatsächlich in den jeweiligen Ländern umgesetzt. «Ein Jahr später ist ein Artikel erschienen, in dem belegt wurde, dass diese Rede Tausenden Mädchen das Leben gerettet hat. Die Politiker haben zugehört, ihr Wort gehalten und etwas unternommen», sagt Mwansa. Dieser messbare Erfolg ihrer Arbeit macht die Aktivistin außerordentlich stolz.

Er zeigt ihr, dass es richtig ist, auf die Zusammenarbeit der Generationen zu setzen. Ihr geht es nicht um Konfrontation wie Greta Thunberg, die ein halbes Jahr später neben ihr auf dem Podium in Davos sitzt. Sie wirbt vielmehr um gemeinsames Handeln. «Wenn wir ehrlich sind», sagt sie immer wieder, «können die Älteren vieles besser. Wir Jungen haben die Energie und die Ideen, aber bei der Umsetzung sollten wir uns helfen lassen. Wenn ich einen Mentor hätte, könnte ich jede Frage perfekt beantworten. So aber fehlt mir oft im richtigen Moment die passende Antwort.» An dieser Stelle kokettiert sie etwas, denn Mwansa hat immer eine passende Antwort. Und sie weiß genau um ihre Sprachgewandtheit, die Kraft ihrer Worte, die nur so aus ihr heraussprudeln und die Zuhörer mitreißen. Talent und Leidenschaft allein reichen aber eben nicht.

Als sie bei einem Auftritt mit der Deutschen Bank gefragt wird, wen sie sich denn als persönlichen Mentor wünsche, hat sie gleich ein paar klingende Namen parat: Bill Gates, Microsoft-Gründer und milliardenschwerer Wohltäter, wäre ihr am liebsten, sagt sie lächelnd, durchaus im Bewusstsein, dass die Wahl «vielleicht etwas hochgegriffen» sei. «Aber er ist der reichste Mann der Welt, ich wäre auch gerne Milliardärin. Aber vor allem macht er über seine Stiftung sehr viele sinnvolle, tolle Sachen mit dem Geld. Wir können viel von ihm lernen.» Und natürlich Malala, fällt ihr ein, das Mädchen aus Afghanistan, dem in den Kopf geschossen wurde, weil sie forderte, dass Mädchen auch zur Schule gehen dürfen. Ihre Geschichte (und die von Michelle Obama) hat Natashas Vater ihr schon als Kind zu lesen gegeben. «Ich war beeindruckt.» Malala habe ihr gezeigt, dass «eine einzige Stimme stark genug sein kann, um die Welt zu verändern». Daran glaubt sie felsenfest.

#ItsNeverYourFault: drei Kämpferinnen aus Nigeria

Wenn eine Stimme allein nicht ausreicht, dann vielleicht drei? Könnte es nicht sein, dass zu dritt etwas zu bewegen ist? So haben es Susan Ubogu, Kudirat Abiola und Temitayo Asuni gemacht, drei Schülerinnen aus der nigerianischen Wirtschaftsmetropole Lagos, um der Kinderehe in ihrem Land ein für alle Mal ein Ende zu setzen.

In Nigeria wird noch immer fast jedes zweite junge Mädchen verheiratet, jedes fünfte ist sogar jünger als fünfzehn. Die Männer sind meist deutlich älter. Susan und Kudirat sind fünfzehn,Temitayo sechzehn Jahre alt, als sie Ende 2018 die Organisation «It's never your fault» gründen, «Es ist nie dein Fehler». Zugleich starten sie auf Change.org eine Unterschriftenaktion, mit der sie sich dafür einsetzen, dass das Alter zur Einwilligung in eine Ehe in Nigeria von elf auf achtzehn Jahre angehoben wird.

Sie hatten sich kurz zuvor auf einem Schulworkshop kennengelernt. Thema dort waren die siebzehn Ziele zur nachhaltigen Entwicklung, die die Vereinten Nationen verabschiedet haben. Dort steht unter Punkt fünf «Geschlechtergerechtigkeit». Was sich hinter dem abstrakten Begriff verbirgt, wurde für die drei Mädchen beim Thema Kinderehe sehr schnell greifbar. «Wir wussten gleich, dass wir aktiv werden müssen», erzählen sie. Schon früher hatte sich jede von ihnen für Gleichberechtigung stark machen wollen, aber nicht recht gewusst, wie. «Jetzt waren wir zu dritt, da war klar, dass wir zusammen etwas erreichen können.»

Nigeria hat den Child's Rights Act der UN unterschrieben, dem zufolge Eheschließungen von Kindern seit 2003 ungültig sind. Aber nur ein Drittel der Bundesstaaten hat das Gesetz dann auch ratifiziert. Und solange die anderen nicht unterschreiben, gilt das Gesetz im föderalen System des Landes dort nicht. Das führt dazu, dass die Mädchen noch immer weiter verheiratet werden, vor allem im armen Norden, wo die Mehrheit der Bevölkerung muslimisch ist und zudem in Angst und Schrecken lebt, weil die islamistische Terrormiliz Boko Haram mordend und plündernd über die Dörfer herfällt und im Jahr 2014 sogar mehr als zweihundert Schulmädchen als Sklavinnen verschleppt hat.

Jedes Jahr werden in Nigeria vierzehn Millionen minderjährige Mädchen zur Heirat gezwungen. Die drei Aktivistinnen richten ihren Appell an alle, denn sie wissen: «Das ist kein regionales Problem, es ist auch kein religiöses. Man kann es nicht wegschieben und sagen, das passiert nur bei den Moslems im Norden. Es passiert überall. Sogar hier in Lagos.»

Sie selbst stammen aus Familien, in denen Kinderehe nie zur Debatte stand. Sie wachsen in den wohlhabenden Vororten von Lagos auf, gehen auf gute Schulen, werden studieren, eine ist bereits zum Studium in die USA aufgebrochen. Ihre Eltern sind gebildete Leute und haben ihnen von klein auf klargemacht, dass ihnen als Mädchen die gleichen Rechte zustehen wie den Brüdern. Gleichberechtigung ist Bestandteil ihrer Erziehung, der Kampf dafür eingeschlossen.

«Die Vorstellung, dass Mädchen in unserem Alter heiraten müssen, ist grässlich», sagt Susan Ubogu in einem Gespräch mit der Deutschen Welle. «Ich wäre so eingeschränkt in dem, was ich in meinem Leben schaffen will.» Sie programmiert mit Begeisterung, seit sie zehn Jahre alt ist. Das «Coden» hat sie sich selbst beigebracht. Mit dreizehn hat sie ihre erste Softwarefirma gegründet, sie ist dort ihr eigener CEO, zwei ihrer Spiele sind im Google Play Store erhältlich. Sie weiß genau, was sie in ihrem Leben machen will. Früh heiraten und Kinder bekommen gehört definitiv nicht dazu.

Die Unterschriftenaktion ist nur ein Anfang. Die drei haben sich Großes vorgenommen. Sie fordern nichts Geringeres, als dass die Verfassung des Landes geändert wird. Denn in dieser ist kein Mindestalter für die Eheschließung vorgesehen. Sie sieht vielmehr Menschen, die verheiratet sind, als «erwachsen» an. «Der Passus muss raus», verlangen die Teenagerinnen.

Für eine Verfassungsänderung muss es ihr Anliegen ins Parlament schaffen. Eine Petition erhöht den Druck auf die Politiker. Knapp eine halbe Million Unterschriften haben sie schon gesammelt. Sie haben auch einen Kongress und etliche Workshops organisiert. «Aufklärung ist der erste Schritt, so war es bei uns auch», erklären die Mädchen in einem Fernsehinterview. Deshalb sprechen sie die Politiker direkt an. «Ich frage sie: Stellen Sie sich vor, Ihre Tochter wäre eines dieser Mädchen. Sie würde aus Ihrer Familie gerissen und einem Siebzigjährigen gegeben, der alles Mögliche mit ihr macht.»

Kudirat Abiola stammt aus einer prominenten Aktivistenfamilie. Schon ihre Großeltern kämpften für Demokratie und Menschenrechte. Ihr Großvater, ein zu großem Wohlstand gekommener Telekommunikationsmanager, hatte im Jahr 1993 die ersten demokratischen Wahlen gewonnen. Diese wurden allerdings später von der Militärjunta annulliert; Wahlsieger Moshood Abiola landete daraufhin wegen Hochverrats im Gefängnis. 1998 stirbt er unter ominösen Umständen, offiziell lautet die Todesursache Herzinfarkt.

Kudirats Großmutter, deren Vornamen die Enkelin stolz trägt, setzte den Kampf fort, bis sie 1996 von einem sechsköpfigen Killerkommando umgebracht wurde, das mit Maschinenpistolen auf sie feuerte. «Sie und meine Tante Hafsat, eine bekannte Bürgerrechtlerin, sind meine Vorbilder», sagt die Enkelin. «Sie haben das Vorurteil aufgebrochen, dass Mädchen nicht das Gleiche erreichen können wie Jungs.»

Die Gründe, warum die Kinderehe sich so hartnäckig hält, sind überall die gleichen: Neben religiösen oder kulturellen Traditionen steckt, wie schon oben erwähnt, vor allem die Armut als Ursache dahinter. Wer die Tochter verheiratet, erhält in der Regel einen «Brautpreis». Und jüngere Mädchen gehen «besser weg» als ältere. Zudem muss von dem Moment der Hochzeit an nicht mehr der Vater für die Tochter sorgen, sondern der Ehemann. Die Familie hat also eine finanzielle Sorge weniger. Dass eine ordentliche Schulbildung viel besser für die finanzielle Absicherung ihrer Töchter wäre, ist vielen Eltern nach wie vor fremd, auch dies ein oben bereits betrachtetes Problem. Daran haben auch die Vorstöße etlicher afrikanischer Menschenrechtler wie des Friedensnobelpreisträgers Desmond Tutu in Südafrika wenig geändert. Um solche Traditionen aufzubrechen, müsse man zu den Menschen gehen und mit ihnen reden, erklären die jungen Aktivistinnen. «Viele von ihnen haben kein Internet, keinen Zugang zu Medien.» Deshalb planen sie Aufklärungsveranstaltungen für Eltern und Kinder im ganzen Land.

«Mädchen dürfen keine Bräute sein. Das sind doch die Führungskräfte von morgen», sagt Abiola. Wenn sie heiraten, brechen sie die Schule ab, erhalten keine Ausbildung. Sie können weder lesen noch schreiben, haben somit auch keine Chance auf eine gute Arbeitsstelle. «Die gesamte Wirtschaft des Landes wächst langsamer.» Zudem ist eine Kinderehe ein Risiko für die Gesundheit. Bei einer Geburt gibt es häufig Komplikationen, da der Körper eines Mädchens dafür noch nicht ausreichend entwickelt ist. Endsprechend hoch ist die Sterberate von Kindern und jungen Müttern.

Die drei jungen Frauen aus Nigeria haben alle guten Argumente auf ihrer Seite. Das wissen sie. Jedes einzelne davon würde ausreichen, um die Kinderehe direkt zu verbieten und abzuschaffen. «Aber wenn sich niemand darum kümmert, dann müssen wir das eben tun.», sagt Kudirat Abiola.

Bildung statt Ehe: Payal Jangid und die kinderfreundlichen Dörfer in Indien

Irgendjemand muss es tun. Irgendjemand muss anfangen, dagegen aufzustehen, wenn Millionen Mädchen jedes Jahr zur Heirat gezwungen werden. Leicht vorstellbar, wie schwer es für ein Mädchen ist, dagegen zu rebellieren. Sich gegen die Eltern, die Familie, die Tradition zu stellen, gegen den zukünftigen Mann und alles, was sonst noch ins Feld geführt wird.

Trotzdem: Solche Mädchen gibt es, wir haben einige kennengelernt. Manche finden nicht nur den Mut, ihr eigenes

Schicksal zum Besseren zu wenden, sondern auch, für andere zu kämpfen. Andere zu ermutigen, es ihnen gleichzutun. In Indien war es die zehnjährige Payal Jangid. Sie hatte das Glück, in einem Dorf aufzuwachsen, das sich der Initiative des Friedensnobelpreisträgers Kailash Satyarthi angeschlossen hatte. Diese versucht, die Rechte der Kinder mit eigenen Trainings- und Informationszentren zu stärken. Hunderte solcher Orte mit eigenen Schülerparlamenten gibt es in Indien mittlerweile. Im Jahr 2012 kam Hinsla dazu, das Dorf, in dem Jangid lebte. Sie wurde innerhalb eines Jahres «Pradhan», Leiterin des Schülerparlaments, und widersetzte sich – zusammen mit ihrer älteren Schwester – den Plänen der Eltern, sie beide zu verheiraten. Mit Erfolg, zunächst nur für sich. Als die Elfjährige ihre eigene Hochzeit abgewendet hatte, fing sie an, andere Eltern davon zu überzeugen, ihre Töchter nicht zu verheiraten, sondern weiter zur Schule zu schicken.

So traf sie eines Tages auf die neunjährige Tara Banjara, die in einem Nachbardorf lebte und zu dem Zeitpunkt schon verlobt war. Mit neun Jahren! In Deutschland denken Kinder in dem Alter allmählich darüber nach, was sie nach der Grundschule erwartet. Tara entkommt den ihr ursprünglich zugedachten Plänen; statt zu heiraten, bleibt sie auf der Schule und hilft Jangid fortan bei der Aufklärungsarbeit. Die beiden Mädchen gehen von Haus zu Haus, organisieren Demonstrationen und informieren Kinder und Eltern in zahlreichen Dörfern durch Plakate und Seminare über die Nachteile und Gefahren der Kinderehe.

Im Herbst 2019 wird Jangid von der Bill-und-Melinda-Gates-Stiftung in New York für ihre Verdienste mit dem «Changemaker Award» ausgezeichnet. Ihr Vater, der damals überhaupt nicht verstehen konnte, dass sie sich mit elf Jahren der von ihren Eltern arrangierten Ehe widersetzte, ist heute stolz auf seine Tochter. «Sie hat so viel bewirkt. Fast alle Kinder gehen jetzt in unserem Dorf zur Schule. Sie hat ihre eigene Hochzeit verhindert und die vieler anderer Mädchen auch. Seit zehn Jahren musste bei uns keine Minderjährige mehr heiraten», sagt er der «Times of India», als seine siebzehnjährige Tochter den renommierten Preis erhält. «Sie war so jung und hat sich trotzdem zur Kämpferin gegen das soziale Übel der Kinderehe aufgeschwungen. Sogar ihre Mutter hat sie mitgenommen, wenn sie zu anderen Eltern ging, um ihnen zu erklären, wie die Ehe das Leben ihrer Töchter zerstört.»

MEMORY BANDA BRICHT MIT RITUELLEN VERGEWALTIGUNGEN IN MALAWI

Woher Jangid mit elf Jahren den Mut und die Kraft nahm? Sie kann es nicht genau erklären. Da war dieses große Gefühl der Ungerechtigkeit in ihr. Dieses innere Aufbegehren. «A big inner self», ein großes inneres Ich, so hat eine andere Aktivistin, Memory Banda aus Malawi, es beschrieben. Sie hatte erlebt, was ihrer Schwester und ihren Freundinnen widerfahren war. Sie wusste, dass sie das unter gar keinen Umständen wollte. Dieser Wille war so unbändig groß, dass das kleine Mädchen über sich hinauswuchs.

In Malawi nämlich gibt es in manchen Regionen eine besonders grausame Tradition. Sobald ein Mädchen zum ersten Mal ihre Tage bekommt, wird sie in ein «Initiationscamp» geschickt. Dort lernen sie alles, so bekommen sie gesagt, was erwachsene Frauen wissen müssen, ihnen werden dort kulturelle Werte vermittelt, und sie werden in die Sexualität eingeführt. Was das bedeutet, ist schauderhaft: Die Mädchen werden darin unterwiesen, gehorsam zu sein, dem Mann zu dienen, genügsam, folgsam und duldsam. Am fünften Tag dann, dem letzten des Seminars, kommt ein erwachsener Mann in das Camp und vergewaltigt die Mädchen, jedes einzelne. Das mache sie zur «erwachsenen Frau», wird ihnen eingetrichtert. Manche sind da erst neun oder zehn Jahre alt, andere dreizehn, je nachdem, wann ihre Periode einsetzt. Memory Banda hatte Glück, wenn man es so nennen darf. Sie bekam ihre Tage später als die jüngere Schwester. Die musste mit elf in das Camp, kam traumatisiert zurück, bald darauf stellte man zudem fest, dass sie schwanger war von der «Hyäne», wie man die bezahlten Vergewaltiger nennt. Es sind viele Mädchen, die geschwängert werden in den Camps. Memorys Schwester brach die Schule ab und wurde schnell verheiratet, um die Schmach zu vertuschen.

Von da an wusste Memory: «Ich will das nicht, ich gehe da nicht hin.» Ihre Mutter unterstützte sie dabei von Anfang an. Sie kam aus dem Norden des Landes, wo diese Tradition nicht existierte. Bandas Vater war gestorben, als Memory vier war. Die Mutter hatte nicht geahnt, was sie ihrer Tochter antut, als sie sie in das Camp schickte. Später hat sie sich, so erzählt sie in einem Interview, wieder und wieder gefragt, wie anders das Leben der jüngeren Tochter wohl verlaufen wäre, hätte sie sie davor beschützt.

Der anderen Tochter soll das nicht passieren. Als Memory Banda verkündet, niemals den Fuß in ein solches Camp zu setzen, werden Mutter und Tochter im Dorf von allen Seiten unter Druck gesetzt. Alle Tanten und andere Erwachsene im Dorf drängen sie, zu dem Camp zu gehen. Ihre Schwester, alle ihre Cousinen und Klassenkameradinnen hätten das schließlich auch gemacht. Ein schreckliches Unglück werde über die Familie kommen, wenn Memory sich widersetze. Sie könne doch nicht gegen die eigene Tradition rebellieren. Oh doch, das konnte Memory Banda. Sie wollte keiner «Hyäne» zum Opfer fallen, sie wollte weiter lernen, zur Schule gehen, selbstbestimmt leben. Ihr Wille war so stark, dass sie geradewegs vor die Oberhäupter der Gemeinde trat und forderte: «Das muss aufhören!» Da war sie dreizehn. Ihre kleine Schwester war später mit sechzehn bereits dreimal geschieden und hatte drei Kinder.

Die Rebellin Memory Banda behielt ihren Willen, sie ging nicht in das Camp. Und als andere Mädchen sahen, dass sie es nicht tat und trotzdem weder krank noch von sonst einem Unheil heimgesucht wurde, da begannen auch sie, sich zu widersetzen. «Sie bringen dich dazu, in diese Camps zu gehen, indem sie sagen: Wenn du nicht gehst, stirbt deine Mutter oder dir stößt etwas anderes Schlimmes zu», erläutert Banda.

Zusammen mit anderen Mädchen wandert sie damals von Gemeinde zu Gemeinde zu den Oberhäuptern. Die kennen das Prozedere der rituellen Vergewaltigungen, sie selbst suchen die Männer dafür aus. Anfangs blitzen die Teenager ab, etliche Chiefs verhöhnen sie. «Wir waren ja nur eine Handvoll junger Mädchen. Die Ersten, die diese Tradition in Frage stellten.» Doch dann werden internationale Hilfsorganisationen auf Banda und ihren Kampf aufmerksam und unterstützten sie. Das schüchtert die Dorfobersten ein, sie fürchten schlechte Presse, böse Geschichten über ihre Gemeinden, Fragen. Nach und nach lenken sie ein, zum Teil aus Einsicht; auch sie können sich den Argumenten der Mädchen nicht verschließen. «Inzwischen sind die Camps in unseren Gemeinden verboten, meine war die erste, die sie abschaffte.»

Auch die Ehe unter achtzehn ist seit 2017 in ganz Malawi verboten. Zuvor lag das Heiratsalter bei fünfzehn. Banda hat die Initiative vehement vorangetrieben, sie belagerte das Parlamentsgebäude, bombardierte Abgeordnete mit Nachrichten, sprach sie wieder und wieder an, sammelte fünfzigtausend Unterschriften.

Heute ist Memory Banda eine der größten Heldinnen Afrikas. Eine junge Frau, die sich selbstbewusst auf dem internationalen Parkett bewegt. Sie erhält etliche Preise, 2019 bekommt sie mit dreiundzwanzig Jahren in Genf den «Young Activist»-Award der Vereinten Nationen verliehen. In einem rosaroten Kleid und hohen Stilettos betritt sie die Bühne für ihre Dankesrede und berichtet von ihrem Kampf für die Frauenrechte. Sie hat eine Organisation gegründet, «Formation 4 Girls Leadership». Ein Ort, an dem Mädchen ihre Stärken als Führungskraft entdecken und entwickeln könnten. Ihre Schwester, die gleich nach der ersten Hochzeit die Schule verlassen hat, obwohl sie Lehrerin werden wollte, ist nach der dritten Scheidung - auf Memorys Zureden hin - zurück in die Schule und hat ihren Abschluss gemacht. Memory selbst hat Englisch und Philosophie studiert. Sie will in die Politik gehen, für die Vereinten Nationen arbeiten, um sich dort auf globaler Ebene für die Rechte der Frauen einzusetzen. Sie hat auch einen Freund, verrät sie in Genf. Aber ob sie auch heiraten wolle? Kinder haben? «Noch nicht. Ich brauche Zeit für mich - jene Zeit, die so vielen anderen Mädchen gestohlen wird.»

DIE BRITIN AMIKA GEORGE
FORDERT TAMPONS FÜR ALLE

E s gibt Dinge, über die redet man nicht. Die Menstruation ist so ein Thema. Allenfalls flüsternd tauschen junge Mädchen sich über Regelschmerzen und blutige Unterwäsche aus, und Männer kriegen rote Ohren, wenn sie im Supermarkt Tampons für die Freundin kaufen sollen. Andererseits, was gäbe es dazu auch groß zu sagen? Weiß denn nicht jeder, dass Frauen einmal im Monat «ihre Tage» haben, dass dies ein ganz normaler biologischer Vorgang ist, den die Hälfte der Menschheit Monat für Monat durchlebt? Dass Frauen dann gelegentlich unausgeglichen, körperlich nicht hundert Prozent belastbar sind? Dass die Mädchen in der Schule in dieser Zeit vom Schwimmunterricht befreit sind? Dass manch eine starke Unterleibsschmerzen hat, andere bisweilen umkippen, weil der Kreislauf nicht mitmacht?

Das alles ist hinlänglich bekannt, zumindest in den westlichen Ländern der Welt. Ebenso, dass Frauen dann Tampons und Binden benutzen, um die Blutungen aufzufangen. Auf nahezu jedem öffentlichen WC findet sich der Hinweis, dass Hygieneartikel auf gar keinen Fall in der Toilette hinuntergespült werden dürfen, sondern im Mülleimer daneben zu entsorgen sind.

Kein großes Thema, dachte auch Amika George. Bis die 1999 geborene Schülerin aus London im Alter von siebzehn Jahren morgens beim Frühstück vor der Schule in einem Artikel liest, dass viele Mädchen in Großbritannien sich keine Tampons und Binden leisten können, weil sie zu teuer sind.

«Ich musste erst einmal das Müsli wegstellen und den Löffel beiseitelegen», erzählt Amika George, die schockiert war, dass es in ihrem Land so etwas geben konnte. In Leeds, so erfuhr sie in einer BBC-Reportage, hatte deshalb eine Hilfsorganisation, die normalerweise Hygieneartikel nach Kenia schickt, um Gelder für Mädchen in der Stadt gebeten, die aus ärmeren Verhältnissen kommen. Manche von ihnen verpassen eine Woche Schule im Monat, weil sie sich nur alte Socken, Klopapier oder Zeitungen als Ersatz in die Unterhose stecken können. Aus Scham, das Blut könnte durch die Kleidung dringen, bleiben sie zu Hause. Wer will schon mit dreizehn, vierzehn Jahren auf dem Schulhof stehen und merken, dass sich die Hose im Schritt rot färbt? Dass Blut unter dem Rock die Beine hinunterläuft? Wie unglaublich peinlich ist das? Umso mehr, wenn man noch ein paar Schulstunden und einen Heimweg im Bus vor sich hat.

Nun möchte man meinen, dass solche Fälle im Großbritannien des 21. Jahrhunderts die große Ausnahme sind. Dass es zu dieser erniedrigenden Situation nur kommt, weil die Mädchen morgens versehentlich vergessen haben, genügend Tampons mitzunehmen und dummerweise auch niemand anderes einen dabei hat, um auszuhelfen.

Aber erschreckenderweise ist das nicht so. Dahinter steckt vielmehr ein ernstes finanzielles Problem. «A hidden crisis», wie Amika George es nennt, eine versteckte Krise. Die Kinderrechtsorganisation Plan International schätzt, dass sich jedes zehnte Mädchen in Großbritannien keine Menstruationsprodukte leisten kann. Jede zweite Schülerin schwänzt deshalb an manchen Tagen den Unterricht. Das Phänomen hat sogar einen Namen: «Menstruationsarmut».

Nun beschäftigt die Menstruationsarmut, unter der besonders in Entwicklungsländern viele Frauen und Mädchen leiden und die gesundheitliche Folgen mit sich bringt, schon seit Jahren Politiker, Hilfsorganisationen und das Gesundheitswesen in allen Teilen der Welt. Immer wieder starteten Projekte mit der Forderung, Binden kostenlos zu verteilen oder sie wenigstens von der Mehrwertsteuer zu befreien. Doch versandeten diese Initiativen regelmäßig. Es fehlte eine ernstzunehmende Lobby für das Thema. Es fehlte eine prominente Fürsprecherin, die Druck in der Öffentlichkeit aufbaut. Es fehlte eine Amika George, die sich mit ihrem gesamten jugendlichen Eifer auf die Tampon-Debatte stürzt und Menstruationsarmut zum globalen Missstand erklärt. Sie rüttelt ihre eigene Generation wach und zieht so laut durch die Regierungsviertel, dass die Volksvertreter sich nicht länger wegducken können – und tatsächlich die Dringlichkeit und das Potenzial des Themas für sich entdecken.

Als Amika George 2016 zum ersten Mal von der Menstruationsarmut hört, beschließt die siebzehnjährige Londonerin mit indischen Wurzeln, dass sich etwas ändern muss. «Ein völlig normaler biologischer Vorgang sollte nicht das Recht dieser Mädchen auf Bildung einschränken! Das gibt's doch gar nicht!»

Die Schülerin gründet die Bewegung #FreePeriods und startet eine Petition, die kostenlose Tampons und Binden an britischen Schulen und Universitäten fordert. Zweihunderttausend Menschen unterzeichnen. George schreibt im Wahlkampf 2017 alle politischen Parteien an, weist sie auf das Problem hin und bittet sie, kostenlose Tampons in ihre Wahlprogramme aufzunehmen. Aber erst einmal, so erzählt sie in einem Interview mit der Zeitung «The Independent», stellte sich die Politik taub – keine Reaktion, gar keine. «Ich konnte es nicht fassen. Wir hatten die Politiker auf diesen unfassbaren Missstand hingewiesen, und sie haben das einfach ignoriert. Das ist doch ekelhaft.»

George mobilisiert in der Folge Mitstreiterinnen, sie fahren größere Geschütze auf. An einem kalten Wintertag postieren sich zweitausend Aktivistinnen, darunter viele Schülerinnen, aber auch Prominente wie Model und Schauspielerin Suki Waterhouse und die YouTuberin Tanya Burr, mit Plakaten in der Downing Street, alle rot gekleidet, und fordern die Regierung auf zu handeln. Deren erste Antwort: Das Parlament in Westminster beschließt, eineinhalb Millionen Pfund aus der Hygieneartikelsteuer an Stiftungen zu überweisen, um mit Kampagnen auf die Menstruationsarmut aufmerksam zu machen. Damit gibt sich George noch lange nicht zufrieden. Sie verbucht es nur insofern als «kleinen Sieg», als sie gesehen hat, dass ihre Kampagne erste Änderungen ausgelöst hat, wie sie in einem Zeitungsbeitrag für den «Guardian» schreibt.

Als Nächstes wendet sie sich an eine große Kanzlei, die juristisch gegen die Menstruationsarmut vorgehen will. Die Anwälte argumentieren, dass die Regierung im Sinne der Gleichberechtigung in der gesetzlichen Pflicht stehe, Hygieneartikel frei zugänglich zu machen. «Kein Kind darf wegen seines biologischen Geschlechts benachteiligt werden. Kein Kind sollte Unterricht verpassen, nur weil es seine Tage hat», betont George.

Während Downing Street schweigt, gewinnt das Thema international rasch an Aufmerksamkeit, denn gerade in ärmeren Regionen in Indien oder Afrika setzen sich viele seit Jahren für das Problem ein. George wird immer häufiger zu Interviews eingeladen und darf auf Podien reden. Sie wechselt von der Schule an die Eliteuniversität Cambridge, wo sie Geschichte studiert und #FreePeriods weiter mit vollem

Elan vorantreibt. Im Herbst 2018 wird sie in New York von Bill und Melinda Gates für ihre Kampagne mit dem «Golden Goalkeepers Award» ausgezeichnet. Sie stellt bald fest, dass die Situation in anderen Ländern noch viel gravierender ist als in England. «Es handelt sich um ein globales Problem», sagt sie, «das nur nicht aufgegriffen wird, weil in einer patriarchalischen Gesellschaft vorwiegend Männer in den Parlamenten sitzen, die meinen, das Thema gehe sie nichts an.» Dieses Schweigen zu brechen, ist ihr vorderstes Anliegen – die Menschen darüber aufzuklären, was die Periode überhaupt ist, was da passiert im weiblichen Körper. So hört George haarsträubende Geschichten von Mädchen aus Nepal, Afrika, den Philippinen und Indien.

Zu Indien hat George eine enge Beziehung: Ihre Großeltern waren einst aus Kerala nach London gezogen, die Familie fährt regelmäßig zu Besuchen dorthin. Aber erst jetzt lernt George, dass viele indische Mädchen überhaupt nicht wissen, was los ist, wenn sie zum ersten Mal ihre Tage bekommen. «Ich dachte, ich sterbe», berichtet eines. Die Mütter erklären ihnen nichts, sondern sagen nur: «Jetzt bist du eine Frau und musst dich von Männern fernhalten, bis du heiratest. Und wenn du blutest, steckst du dir einen Lappen in die Hose, den du abends auswäschst und unter deinem Bett trocknest.»

In vielen Ländern der Welt müssen Mädchen sich mit alten Bananenschalen, zusammengeknüllten Plastiktüten oder Sand behelfen. Andere junge Frauen machen gar nichts, um die Blutungen aufzuhalten. Sie lassen das Blut einfach laufen, waschen die Kleidung immer wieder aus und bleiben, wenn möglich, an diesen Tagen einfach zu Hause. Wie gefährlich Verunreinigungen und Keime sein können, die in die Scheide gelangen, davon haben die wenigsten je gehört.

Zwei Jahre nach Beginn ihrer Kampagne hat George in ihrem Heimatland schließlich Erfolg: Der damalige Finanzminister Philip Hammond verkündet im Mai 2019, dass weiterführende Schulen und Universitäten in Großbritannien Fördergelder für Menstruationsprodukte erhalten. Schottland hatte entsprechende Zuschüsse schon 2018 eingeführt – als erstes Land der Welt. Dort erhalten bedürftige Familien Hygieneartikel umsonst. Nur ist das mit den Fördergeldern so eine Sache. Die müssen von den Schulen auch tatsächlich beantragt oder abgerufen werden. Also gehen George und ihre Mitstreiterinnen direkt an die Schulen, um sie als Verbündete für die «rote Box», die in den Mädchentoiletten platziert werden soll, zu gewinnen. Binden sind Basisprodukte, so ihre Argumentation, die auf jede Schultoilette gehören. «Wie Seife und Toilettenpapier.» Nach einem halben Jahr können sie tatsächlich Vollzug melden – Mission geglückt: «Ich bin sehr stolz, dass die ‹rote Box› ab Ende Januar 2020 in allen britischen Schulen zu finden ist.»

Für Amika George ist die Sache damit nicht erledigt. Sie will das Thema weltweit vorantreiben: «Achthundert Millionen Mädchen verpassen jeden Monat eine Woche Schule. Bisher versucht niemand, dieses riesige Problem zu lösen, das einfach keines sein sollte», sagt sie bei einem TED-Talk in Covent Garden. Die Aktivistin erhält ständig E-Mails aus Indien oder Südafrika, in denen Mädchen sie fragen: Wie kann ich das in meinem Land ändern? Zehn Minuten hatte sie auf der Konferenz, um das Tabuthema aufzugreifen, von dem viele Männer nichts hören wollen. Das ihnen unangenehm ist, ebenso wie Frauen. «Wir sind damit aufgewachsen, dass die Menstruation so ein Frauending ist, über das man nicht redet», sagt sie, die provokativ einen tiefroten Pulli mit einer Gebärmutter vorne drauf trägt. «Das Schweigen muss aufhören. Die Regelblutung muss ein ganz normales Thema werden - so wie man sich erzählt, was es bei Freunden am Abend zuvor zu essen gab.»

In vielen Weltregionen hat sich bis heute die Vorstellung gehalten, dass Frauen in der Phase ihrer Menstruation unsauber oder dreckig seien. «In Italien gibt es Gegenden, in denen Frauen, die ihre Tage haben, keine Nudeln mit Tomatensoße kochen dürfen», berichtet George. «In Nepal gibt es eine Tradition namens Chhaupadi, der zufolge Frauen in dieser Zeit draußen schlafen müssen.» Und Hersteller bewerben ihre Hygieneartikel in England bis heute, als handele es sich um ein geheimnisumwittertes Skandalprodukt. «In den Spots wird Blut als blaue Flüssigkeit gezeigt.»

Sie selbst erinnere sich gut, wie es mit ihrer Regel losgegangen sei. Zehn Jahre alt war sie damals erst. Sie saß in der Schule und hatte Blut an den Beinen. Ein Mitschüler sprach sie darauf an. Aus Scham ging sie noch vor Schulschluss nach Hause. «Dabei gibt es keinen Grund, sich dafür zu schämen.»

Am Anfang erregt Georges Vorstoß großes Unverständnis in der Öffentlichkeit. Warum sollten jetzt Tampons billiger oder gar kostenlos sein? Warum sollten Männer die Tage der Frauen subventionieren? Gelegentlich hört George auch Sätze wie «Tampons zu teuer? Die kosten doch nur ein Pfund. Wer kann sich das denn nicht leisten?» oder: «Ich bin mir sicher, dass die Mädchen, die angeblich kein Geld für Tampons haben, das neueste iPhone besitzen.» Wenn George so etwas hört, stachelt sie das nur noch mehr an.

Mittlerweile ist eine regelrechte globale Menstruationsbewegung entstanden. In vielen Ländern bemühen sich Aktivisten um Aufklärung, Gelder, eine Enttabuisierung. In Kerala gibt es die «She Pad»-Initiative. In Sambia bekommen Mädchen an Schulen eigene Toiletten. Zusammen mit ihren

Klassenkameraden nähen sie umweltfreundliche waschbare Einlagen, die zwei Jahre halten. Sie tauschen sich in kleinen Gesprächsgruppen über ihre Tage aus. Auch in Uganda gehen Schülerinnen das «Tabuthema» an. An einigen Dorfschulen stellen ältere Schülerinnen und Schüler wiederverwendbare Binden aus alten Handtüchern und Stoffresten her und verteilen sie gratis. Im Supermarkt kosten sie ein Vermögen – umgerechnet fünf Euro (wobei viele Eltern nur einen Euro pro Tag zur Verfügung haben, um sich und die Kinder zu ernähren).

Solche Initiativen hängen allerdings stets am Engagement Einzelner und sind von Spenden oder Crowdfunding-Kampagnen für Nähmaschinen, Scheren, Stoffe und Bügeleisen abhängig. Das Versäumnis der Politik ist so kaum wettzumachen. Dabei war der langjährige Präsident Ugandas, Yoweri Museveni, im Wahlkampf 2016 durch die Dörfer gezogen und hatte kostenlose Binden für die Mädchen an den Schulen versprochen. Nach seiner Wiederwahl indes brach seine Frau, die er zur Bildungsministerin ernannt hatte, das Wahlversprechen: kein Geld in der Staatskasse.

Amika George und andere Feministinnen bemühen sich weltweit um eine niedrigere Besteuerung für Hygieneartikel. Ein Tampon sei «kein Luxusartikel», so ihre Argumentation. In Großbritannien und vielen anderen Ländern aber wird er wie ein solcher behandelt. In Deutschland zum Beispiel sind für Tampons und Binden 19 Prozent Mehrwertsteuer fällig, wie für Kaviar und Champagner. Ein ermäßigter Steuersatz von 7 Prozent gilt für wichtige Dinge des täglichen Bedarfs wie Lebensmittel, Bücher, Zeitungen, Schnittblumen und Bahntickets – Tampons und Binden werden nicht darunter gezählt.

Das brachte zwei Stuttgarter Unternehmerinnen auf eine

clevere Idee: Sie entwarfen eine Box, die aussieht wie ein Buch, und füllten sie mit Tampons. So umgingen sie den hohen Mehrwertsteuersatz. Nach kurzer Zeit waren die ersten dreitausend Exemplare von «The Tampon Book – Das Buch gegen Steuerdiskriminierung» ausverkauft. Hundert Stück schickten die beiden Gründerinnen, Ann-Sophie Claus und Sinja Stadelmaier, an Bundestagsabgeordnete. Jedes enthält fünfzehn Bio-Tampons und eine sechsundvierzigseitige Aufklärungsbroschüre.

Die Aktion von «The Female Company» war medial und politisch ein großer Erfolg und hat dazu geführt, dass die deutsche Regierung die Steuer für Periodenprodukte Anfang 2020 tatsächlich senkte. Frühere Vorstöße waren immer wieder abgebügelt worden. Auch Frankreich, Spanien und Großbritannien haben den Steuersatz reduziert. In Kenia, Indien und Kanada wurden die Steuern auf Hygieneartikel für Frauen ganz abgeschafft.

JAZZ JENNINGS' KAMPF UM IHR GESCHLECHT

Er tanzt wie ein Mädchen. Er singt wie ein Mädchen. Er kleidet sich auch wie ein Mädchen. Aber er ist ein Junge. Er trägt Push-up-BHs und Zöpfe. Und wenn man ihn fragt: «Was bist du?», antwortet er sehr bestimmt: «Definitiv ein Mädchen. Ich kann und konnte mich noch nie als etwas anderes sehen.» Das sagt er in einem Interview, als er elf oder zwölf Jahre alt ist. Da haben er und seine Eltern längst beschlossen, dass er ein Mädchen wird.

Seit er denken kann, fühlt sich Jazz Jennings, Jahrgang 2000, als Mädchen. Er liebt alles, was rosa ist und glitzert. Er liebt Puppen, Einhornkuscheltiere und Meerjungfrauen. Wie alle Mädchen um ihn herum, wie seine große Schwester. Mit drei Jahren will er Mädchenkleider tragen. Mit fünf fragt er die Mutter, wann endlich die Zahnfee kommt und seinen Penis mitnimmt. Die Eltern suchen professionelle Hilfe; eine Psychologin diagnostiziert bei ihm eine Geschlechtsidentitätsstörung. Später präzisieren Ärzte dies als Geschlechtsdysphorie. Mit sechs trifft die Familie die schwerwiegende Entscheidung, ihn auf eine Geschlechtsumwandlung vorzubereiten, was für das Kind zunächst eine jahrelange Hormontherapie und später mehrere Operationen bedeutet.

Seither ist Jazz Jennings, geboren und aufgewachsen in Florida, die jüngste und eine der stärksten Aktivistinnen für die Rechte von Transgender-Personen in den USA. Sie ist ein TV-Star mit einer eigenen Reality-Show («I Am Jazz»), die seit 2015 in sechs Staffeln ihr Leben als Transsexuelle begleitet. Sie hat zwei Bücher über ihr Schicksal geschrieben, da war sie noch keine achtzehn. Sie ist in ganz Amerika bekannt, spricht auf Regenbogenparaden, gibt Interviews und stellt sich in Talkshows ihren Gegnern. Denn sie polarisiert ungemein, wie immer, wenn es um die Rechte von LGBTQIA+-Personen geht – lesbische, schwule, bisexuelle, transgeschlechtliche, queere, intergeschlechtliche, asexuelle Menschen sowie solche mit weiteren Geschlechtsidentitäten. Die einen lieben Jazz für ihren Mut, ihre Vorreiterrolle, ihre Offenheit; die anderen überschütten sie mit Häme und Hasskommentaren, bis hin zu Morddrohungen. Die Jugendliche sagt, das sei ihr egal. «Es stört mich nicht, ich ignoriere das.» 2014, da ist sie vierzehn Jahre alt, zählt das «Time»-Magazin sie zu den fünfundzwanzig einfluss-reichsten Teenagern. Die Auszeichnung ist hart erkämpft.

Geschlecht ist Schicksal, dem ist nicht zu entkommen. So lautet gemeinhin das Narrativ. Und für die allermeisten Menschen ist das biologische Geschlecht eine relativ klare, unproblematische Angelegenheit. Nur was ist, wenn ein Junge sich als Mädchen fühlt oder andersherum? Wenn du, wie Jazz Jennings es in Interviews wieder und wieder ausdrückt, «im falschen Körper gefangen bist»?

Jazz hatte von Geburt an ein Problem mit ihrer geschlechtlichen Identität, erklären die Eltern. Sie selbst sagt, sie fühle sich als Mädchen, seit sie denken kann. Auf allen Kinderbildern sieht man sie in rosa Kleidchen. Sie rennt in rosa T-Shirt und Shorts durch den Garten, trägt das Haar schulterlang, mit Schleifen oder Zopfgummis, geht ins Ballett und spielt Fußball, aber mit den Mädchen. Zunächst lassen die Eltern sie zu Hause gewähren, nur wenn sie in den Kindergarten geht, soll sie Jungssachen anziehen. Dann aber, so erinnert sich die Mutter, hat Jazz eine Ballettaufführung. Alle Mädchen tragen ein Tutu, nur Jazz darf keines tragen. «Sie war schrecklich traurig, ich konnte das sehen. Da wusste ich, so geht es nicht weiter.» Auf ihrer Feier zum fünften Geburtstag schließlich erlaubten die Eltern ihr, einen glitzerfarbenen Badeanzug anzuziehen statt der Badeshorts. Sie strahlt die ganze Feier lang.

Von da an ist klar: Sobald Jazz eingeschult wird, geht sie als Mädchen in den Unterricht, vom ersten Tag an. Damit die Klasse sie gar nicht erst als Junge kennenlernt. An der jüdischen Grundschule aber ist sie als Junge registriert, die Lehrer wissen das, die Mitschüler nicht. Jazz und die Eltern müssen darum kämpfen, dass die Lehrkräfte sie nicht als «er» ansprechen oder anschreiben und auch nicht als «es», was der Direktor der Familie als Kompromiss anbietet, sondern als «sie». Dass Jazz «anders» ist, lässt sich – bis zu ihrer Geschlechtsumwandlung 2018 – nicht wegträumen, lässt sich auch nicht mit Nagellack und Wimperntusche übermalen. Jedes Mal, bevor Jazz sich mit anderen Kindern zum Spielen verabredet, gilt es, ein klärendes Gespräch zu führen. Die Mutter sagt: «Ich wollte, dass jedes Kind, das zu uns nach Hause kommt, Bescheid weiß. Und wenn Jazz zu einer Übernachtungsparty gegangen ist, musste den anderen Kindern und Eltern die Situation auch klar sein.»

So besteht Jazz' Alltag aus vielen kleineren oder größeren Dramen: Auf welche Toilette soll sie im Restaurant gehen? In welcher Schulmannschaft darf sie spielen? In der Grundschule gibt es ein Unisex-Team im Fußball, da ist es einfach. Doch danach muss sie sich entscheiden. Sie möchte natürlich zu den Freundinnen ins Mädchenteam. Das wird ihr untersagt, weil es gegen die Regeln verstoße. Fast zwei Jahre dauert es, bis sie dort mitkicken darf. Die Highschool-Liga musste dafür eigens ihre Verbandssatzung ändern. Damit hatte Jazz zum ersten Mal nicht nur für sich, sondern auch für andere etwas erreicht. Denn fortan dürfen auch andere Trans-Kinder in der Sportart und -mannschaft ihrer Wahl spielen.

Die Familie geht von Anfang an sehr offensiv mit dem Thema um. Mit sechs gibt Jazz zum ersten Mal ein Interview in einer Lokalzeitung. Damit ihre Privatsphäre bewahrt bleibt, wählen sie dafür den Kunstnamen «Jazz Jennings», den sie bis heute behalten hat. Den richtigen Namen hat sie erfolgreich aus der Öffentlichkeit herausgehalten. Nur in dem Wohnort in Florida wusste man trotz des Pseudonyms natürlich, um welche Familie es ging. Kurz nach dem Interview ruft der Sender ABC an, um ein Interview fürs

Fernsehen zu führen. Eine Journalistin kommt zu ihnen nach Hause, darf Jazz filmen, wie sie mit Freunden und Geschwistern spielt, lässt sich ihr Prinzessinnenzimmer zeigen, spricht mit ihr, den Eltern und den älteren Geschwistern, zwei Zwillingsbrüder und eine Schwester. Jazz lächelt in die Kamera, gerade sind die ersten Milchzähne ausgefallen. Sie drückt ihr Problem so aus: «Ich habe ein Mädchengehirn und einen Jungskörper.»

Psychologen und Ärzte sind sich einig: Das ist keine Phase bei Jazz, das ist eine Geschlechtsdysphorie. «Das geht nicht vorbei», erklärt die Mutter. «Das bleibt und wird schlimmer, je älter Jazz wird.» Eines von drei Transgender-Kindern versucht, sich deswegen das Leben zu nehmen, sagt Johanna Olson-Kennedy, medizinische Leiterin des Center for Transyouth Health and Development am Children's Hospital in Los Angeles. Vor allem in der Pubertät werden viele depressiv.

Deshalb beginnen sie bei Jazz eine pubertätsblockierende und gegengeschlechtliche Hormonbehandlung. Diese wie auch die operative Geschlechtsumwandlung sind durchaus umstritten. Denn immer mehr Kinder und Jugendliche wünschen sich eine Änderung des Geschlechts. In Deutschland stieg die Zahl zwischen 2005 und 2012 von 444 auf 1124. Alexander Korte von der Klinik für Kinder- und Jugendpsychiatrie der Ludwig-Maximilians-Universität München spricht von einem regelrechten «Boom». In seine Sprechstunde kamen 2019 fünfmal mehr Jugendliche als noch 2013. «Ein Grund dafür ist das zunehmende Problembewusstsein in der Bevölkerung», sagt Korte. Daneben gebe es aber auch eine «angebotsinduzierte Nachfragesteigerung». Sprich: Alles, was medizinisch machbar ist, wird auch gemacht. «Eben weil es geht.» Den Patienten sei damit nicht immer geholfen. Vor allem spricht er sich gegen die frühe Einnahme von Pubertätsblockern aus. Hier erfolge zu einem frühen Zeitpunkt eine Weichenstellung, obwohl die Diagnose noch gar nicht gesichert ist und damit «eine mögliche Aussöhnung mit dem Geburtsgeschlecht» verhindert werde.

Es sind Fälle wie der einer jungen Schwedin dokumentiert: Bei ihr gehen die Probleme mit fünfzehn Jahren los. Sie ist unzufrieden mit ihrem Körper, unglücklich mit ihrem Leben. Sie wird magersüchtig. Nach einer Kur isst sie zwar wieder, fühlt sich aber nach wie vor nicht wohl. Irgendwann denkt sie: Vielleicht bin ich trans. Sie setzt sich mit dem Thema auseinander, es erscheint ihr als «Lösung für meine ganzen Probleme». Sie beginnt, Testosteron einzunehmen, plant eine geschlechtsangleichende Operation. Sie will «Casper» werden. Sie outet sich in ihrem Freundeskreis. Doch auf die Operation muss sie ein Jahr warten. In der Zeit wird sie psychologisch betreut – und gerät ins Grübeln. Schließlich bricht sie die Behandlung vor dem Eingriff ab, hat ihr zweites Coming-out als Frau. «Mir geht es sehr gut. Ich wäre wohl am Boden zerstört, wenn ich diese ganzen Behandlungen gemacht hätte.»

Jazz Jennings hat die Umwandlung bis heute nicht bereut. Als sie älter wird, treten verschiedene TV-Sender mit der Idee einer Reality-Show an die Familie heran. Nach einigem Hin und Her stimmt die Familie zu. In «I Am Jazz» zeigt der Sender TLC das Leben einer «ganz normalen Familie» und das typische Teeniedrama, nur eben aus Sicht eines Transgender-Mädchens, ihrer Eltern und Geschwister. 1,36 Millionen Zuschauer schalten bei der Premiere zu. Diesen Rekord kann die Show nicht halten, trotzdem läuft sie in sechs Staffeln über Jahre hinweg sehr erfolgreich und wird mehrfach ausgezeichnet.

Jazz und vor allem ihre Eltern machen sich damit extrem angreifbar. Viele Eltern können den Schritt ins Show-Business nicht nachvollziehen. Sie unterstellen der Familie unlautere Motive: dass sie Jazz ausnutzen, um berühmt zu werden; dass sie sie für ihre eigene politische Agenda missbrauchen. Dass sie einfach noch eine zweite Tochter haben wollten.

Die Eltern weisen diese Vorwürfe weit von sich. Alles – angefangen bei der Geschlechtsumwandlung – sei stets der Wunsch der Tochter gewesen: «Wir haben sie nicht ermutigt, wir haben sie nur unterstützt.» Sie dachten, sie könnten das Verständnis für Menschen wie Jazz erhöhen, wenn die Menschen sie sehen. In ihrem Umfeld, zu Hause, in ihrem Zimmer. Im Umgang mit den Geschwistern. «Wir wollten, dass sie erkennen, dass Jazz ein glückliches kleines Mädchen ist.» Keine Verrückte, kein Freak, kein Monster. Solche Beschimpfungen und Schlimmeres muss Jazz in den sozialen Medien über sich ergehen lassen, manche schleudern ihr die Verachtung auch direkt ins Gesicht. In der Reality-Show und auf ihrem eigenen YouTube-Kanal sieht man Jazz, wie sie bei den Cheerleaders tanzt, malt und ihre eigenen Kleider näht. Sie erzählt von ihren Albträumen, in denen ihr ein Schnurrbart wächst. Von ihren OPs, von ihren ersten Rendezvous mit Jungs.

Sie erzählt, wie es ist als Kind, wenn man «im falschen Körper geboren wird». Wie unsicher andere im Umgang mit ihr sind. «Viele behandeln mich anders, wenn sie wissen, dass ich transgender bin. Sie finden mich dann komisch. Finden, ich sollte nicht die gleichen Rechte haben wie sie, nur wegen dem, was da zwischen meinen Beinen ist.» Und sie zeigt, wie sie mit ihren Nöten und Frustrationen umgeht. «Ich weiß, dass ich anderen damit helfe», sagt sie.

Sie erhält Unmengen Zuschriften und Rückmeldungen von Jugendlichen, denen es ähnlich ergeht, die verzweifelt sind. «Manche schreiben, sie wollten sich umbringen, aber dann dachten sie, dass sie auch meinen Weg gehen könnten.» Vielen gehe es schlechter als ihr, sagt sie. Weil ihre Familie nicht hinter ihnen steht, sie niemanden haben, dem gegenüber sie sich öffnen können. Da hat Jazz großes Glück. Eltern und Geschwister unterstützen sie, spielen mit bei der Reality-Show. Und wenn ihre ältere Schwester gefragt wird, was mit Jazz eigentlich los ist, so sagt sie schulterzuckend: «Hey, das ist eine Störung, eine Krankheit. Sie hat sich das nicht ausgesucht.» Die Mutter gründet sogar die TransKids Purple Rainbow Foundation, die Kinder wie Jazz unterstützt.

Wie viele Menschen trans sind, lässt sich nur grob schätzen. Auf jeden Fall deutlich unter einem Prozent. Eine Erhebung des Sexual- und Genderforschers Sam Winters von der Universität Hongkong geht von weltweit 0,2 Prozent aus. Das US-amerikanische Zentrum für Krankheitskontrolle und -prävention weist eine Quote von 0,6 Prozent aus. Das wären 1,4 Millionen Menschen, die ihre Identität so einstufen. Dafür, dass es «so wenige» sind, finden viele, bekommen sie heute viel zu viel Beachtung.

Vor wenigen Jahrzehnten war das noch ganz anders, da war Homosexualität in den meisten Ländern der Welt strafbar. Heute ist das nur noch in etlichen afrikanischen und manchen islamischen Ländern der Fall. In den USA formierte sich im Sommer 1969 der erste ernsthafte Widerstand gegen die Kriminalisierung von Homosexualität. Am Anfang stehen drei New Yorker Mafiosi, die beschließen, eine Kneipe in Greenwich Village zur größten Schwulenbar des Landes zu machen. Das Kalkül dahinter: viel Geld mit möglichst wenig Aufwand verdienen. Sie mieten billig einen heruntergekommenen Tanzschuppen, das Stonewall Inn in der Christopher Street. Dort feiert fortan ein buntes LGBT-Volk. Es ist der einzige Ort in New York, der eigens für sie geschaffen wurde, wo sie geduldet und sogar erwünscht sind. Allerdings stört die Polizei immer wieder mit Razzien und nimmt die Gäste fest. Ihre Namen stehen tags darauf in der «New York Times», ebenso der Grund der Verhaftung: Homosexualität. Viele verlieren dadurch ihren Job oder den Ehepartner. Es gibt etliche Selbstmorde.

Am 28. Juni 1969 hat die an Selbstbewusstsein erstarkende Szene genug. Bei einer Razzia wehren sich die Menschen gegen die Festnahmen. Lesbische Frauen prügeln sich mit Polizisten, Dragqueens schlagen mit Stilettos um sich. Schwule bilden Menschenketten und drängen die Polizisten zurück. Der sogenannte Stonewall-Aufstand dauert sechs Tage. Es ist der Beginn der LGBT-Bürgerrechtsbewegung. Zum ersten Mal hatte sich eine große Gruppe Homosexueller der Polizei widersetzt. Im Jahr drauf findet die erste «Pride Parade» statt, um an den Aufstand zu erinnern. Der Tag wird seither jedes Jahr als Wendepunkt im Kampf für Gleichbehandlung und Anerkennung gefeiert.

Bis heute ist LGBTQIA+ ein hochpolitisches Thema. Allein in den USA ist der Umgang mit der Gleichstellung von Bundesstaat zu Bundesstaat sehr unterschiedlich. So hat Kalifornien Idaho Ende Juni 2020 auf eine «schwarze Liste» von Bundesstaaten gesetzt, weil der Senat von Idaho zuvor ein Gesetz verabschiedet hatte, das es Trans-Personen untersagt, in Frauenmannschaften Sport zu treiben. Staaten wie Georgia, Washington und Missouri erwägen ähnliche Regelungen. Die «House Bill 500» in Idaho soll verhindern, dass «biologische Männer» sich einen Vorteil im Sport verschaffen, indem sie gegen Frauen konkurrieren. Kalifornien wiederum wertet das als Verstoß gegen das Antidiskriminierungsgesetz und untersagt steuerfinanzierte Reisen in Staaten mit «diskriminierenden» Praktiken. Das Verbot gilt für sämtliche staatlichen Behörden, Gremien, Beamte und öffentliche Universitäten Kaliforniens und betrifft bald ein Dutzend Bundesstaaten, darunter auch Texas, North und South Carolina.

Was ist da nun richtig? Was ist ungerecht? Auch Jazz Jennings hat darum gekämpft, in ihrer Mädchenmannschaft spielen zu dürfen. Auch ihr hatte man gesagt, es sei ungerecht, wenn sie mit dem Körper eines Jungen gegen Mädchen antrete. «Dabei bin ich eine der Kleinsten und Schwächsten im Team», hatte sie entgegengehalten. «Die anderen Mädchen sind kräftiger, ich bin dafür schneller.» Doch dreht sich das irgendwann um, mit der Pubertät hängen die Jungs die Mädchen unwiederbringlich ab – entwickeln ein größeres Herz, größere Lungen, mehr Muskelmasse. Jazz Jennings hat die Entwicklung des männlichen Körperbaus früh zu stoppen versucht, durch die Einnahme von Hormonen. Aber das machen nicht alle. Deshalb landen solche Fälle vor Gericht. Wie in Connecticut: Dort klagten drei junge Highschool-Mädchen mit ihren Eltern gegen eine «Übervorteilung» von Transgender-Läufern, nachdem bei den Leichtathletikmeisterschaften für Frauen 2018 im 100-Meter-Lauf zwei Transgender-Männer den ersten und zweiten Platz gewonnen hatten. Ihre Teilnahme benachteilige Mädchen, so das Argument. Die beiden besagten Läufer haben insgesamt fünfzehn Landesmeistertitel gewonnen und in fünfundachtzig Fällen anderen Athletinnen den Platz in einem Wettbewerb weggenommen.

Sogar innerhalb der LGBTQIA+-Bewegung gibt es Ärger. In England formt sich Widerstand seitens Lesben, Homosexueller und Bisexueller gegen Trans-Personen. Sie unterstellen den Männern, die sich als Frauen fühlen, sich Vorteile verschaffen zu wollen - nicht nur im Sport, sondern auch, indem sie sich auf Stellen bewerben, die gemäß der Gleichstellung von Mann und Frau den weiblichen Bewerberinnen vorbehalten sind. Das sei eine billige Masche, um ihnen Jobs und Medaillen wegzuschnappen.

In Polen haben sich mehrere Gemeinden zu «LGBT-freien» Zonen erklärt, woraufhin Partnergemeinden in Westeuropa ihnen die Freundschaft aufkündigten. Und sogar Joanne K. Rowling, gefeierte Harry-Potter-Erfinderin und einer der reichsten Menschen Großbritanniens, hat 2020 einen medialen Shitstorm erlebt, nachdem sie sich über Personen lustig gemacht hatte, die Frauen heute als «Menschen, die menstruieren» bezeichnen. Auf Twitter schrieb sie: «Ich bin sicher, dass es früher einmal ein Wort für solche Menschen gegeben hat. Kann jemand helfen? Vielleicht Wumben, Wimpund oder Woomud?»

Auf diese Art von «Humor» reagieren viele heute sehr gereizt. In den USA können derartige Äußerungen überaus schmerzliche Konsequenzen haben. Das hat zum Beispiel der Schauspieler Derick Dillard zu spüren bekommen. Der Dreißigjährige, der wie Jennings bei dem Sender TLC unter Vertrag stand, hat die Jugendliche mehrfach auf Twitter angegriffen: «Transgender ist ein Mythos. Das Geschlecht ist nicht wandelbar, es ist gottgegeben.» Er bedaure Jazz: «Es ist traurig, dass Erwachsene, die Eltern eingeschlossen, einen Jugendlichen derart für ihre Agenda benutzen. Nichts gegen ihn.» Der Sender kündigt daraufhin die Zusammenarbeit mit Dillard.

«I Am Jazz» dagegen läuft weiter. 2018 ist der Sender bei ihrer Geschlechtsumwandlung dabei. Man sieht eine sehr matte, blasse Jazz im Krankenhausbett. Es kommt zu Komplikationen. Sie müsse noch einmal operiert werden, weil sie wegen der Hormonblocker zu wenig Gewebe gehabt habe, erklärt sie ihren Zuschauern. Insgesamt hatte sie drei Operationen, die letzte sei «kosmetischer Natur» gewesen. Die Umwandlung in eine Frau habe nicht alle ihre Probleme gelöst. Aber sie spüre etwas wie Frieden, sie fühle sich wohl. Das habe sie zuvor nicht gekannt.

Ihre Schlagfertigkeit hat sie nicht verloren: «Ich habe heute einen größeren Busen als meine Schwester.» Und falls sie noch einmal unters Messer müsse? Nicht schlimm: «Die setzen mir da unten alles zusammen wie eine Patchwork-Vagina.» Es soll schließlich auch ein bisschen schön aussehen, findet sie. Das alles teilt Jazz Jennings mit ihrer Fan-Gemeinde. Hunderttausende folgen ihr auf Twitter und YouTube, mehr als eine Million sehen ihre OP-Narben auf Instagram. Hinzu kommen die Zuschauer der Show.

Das Promileben geht nicht spurlos an Jazz Jennings vorbei. Es gibt immer wieder Proteste gegen ihre Lesungen an Schulen; es heißt, ihr Auftritt dort könnte die Kinder verstören. Ihr wird von Paparazzi aufgelauert, die Bilder von ihr schießen, als sie – vermutlich – Hasch kauft. Sie wird beschimpft, während sie selbst versucht, ruhig zu bleiben, die Aggressivität aus der Diskussion zu nehmen. Sie wolle niemanden vor den Kopf stoßen. «Ich werbe um Verständnis für meine Lage.» Sie nimmt zu, nimmt ab, nimmt wieder zu. Sie kämpft mit Depressionen, wobei sie betont, dass bei ihr eine familiäre Veranlagung dazu vorliege und die Depression nichts (oder nicht unbedingt) mit ihrer sexuellen Disposition oder der Hormonbehandlung zu tun habe. «Ich glaube eher, dass die Hormone mir das Leben gerettet haben», sagt sie. Sie wechselt von ihrer alten Schule auf eine

Online-Highschool, «weil das besser gepasst hat», wie sie später in ihrer Abschlussrede sagt. «Jeder von uns ist einen schwierigen Weg gegangen. Sonst wären wir nicht hier. Jeder hatte seine guten Gründe, aus dem normalen Weg auszubrechen und diesen zu wählen. Wir alle wissen, dass wir – egal, was als sozial normal angesehen wird – auf unsere eigene Stimme hören und unserem persönlichen Glück folgen müssen.»

All das passiert, während ein Millionenpublikum zuschaut. Die Eltern sehen sich immer wieder mit Vorwürfen konfrontiert: Ihr hättet das verhindern können! Warum habt ihr das zugelassen? Was tut ihr eurer Tochter an?

Nur was wäre die Alternative gewesen? Jazz Jennings und ihre Familie haben einige Argumente auf ihrer Seite: Jazz hat es zum Promistatus gebracht, der es ihr erlaubt, sich Gehör zu verschaffen für die Belange und Sorgen von Trans-Kindern. Sie schließt die Highschool 2019 als Jahrgangsbeste ab und wird an der Eliteuniversität Harvard angenommen (macht jedoch zunächst ein Jahr Pause, um sich von den OPs und allem Trubel zu erholen). Im Sommer 2020 wird «I Am Jazz» beim Sender als beste Reality-Show ausgezeichnet. Die amerikanische LGBT-Organisation GLAAD zählt sie im selben Jahr zu den wichtigsten «20 unter 20». Jazz Jennings ist da gerade neunzehn Jahre alt geworden. Und in ihrem Pass steht heute unter Geschlecht: «weiblich». Für Jazz persönlich ist das der größte Erfolg.

EMMA GONZÁLEZ NIMMT ES MIT
DER WAFFENLOBBY AUF

Zahlen sprechen eine nüchterne Sprache. So leben in den USA 4,4 Prozent der Weltbevölkerung. Diese hantieren, laut Small Arms Survey, mit 47 Prozent aller Schusswaffen, die weltweit in Privatbesitz sind. Das Land hat demnach mehr Waffen (393 Millionen) als Einwohner (328 Millionen). Laut einer Studie der University of Alabama findet jeder dritte Amoklauf in den Vereinigten Staaten statt. Die große Frage ist nun: Gibt es einen Zusammenhang zwischen den Zahlen? Und wenn ja, was sagt er über das Land aus, in dem der letzte Bürgerkrieg vor über 150 Jahren endete?

Für jemanden wie Emma González ist das eine eindeutige Sache: «Es sind viel zu viele Waffen im Umlauf.» Sie geraten in die falschen Hände, weil die Gesetze zu lasch sind, weil es keine Kontrollen, keine Registrierungen gibt, weil jeder, der will, in einen Laden gehen und sich mit Gewehren eindecken kann. Je nach Lust und Laune. In guter oder in böser Absicht. Deshalb kommt es zu solchen Tragödien wie 2018 an der Marjory Stoneman Douglas High School in Parkland, Florida. An ihrer Schule.

Emma González war zu dem Zeitpunkt achtzehn Jahre alt, ein «Junior» in der elften Klasse. Am 14. Februar, Valentinstag, sitzt sie kurz vor Schulschluss im dunklen Auditorium, als um 14.21 Uhr ein ehemaliger Schüler, der neunzehnjährige Nikolas Cruz, das Gebäude betritt und mit einem halbautomatischen AR-15-Gewehr auf ihre Mitschüler und Lehrer feuert. Emma hört erst den Feueralarm, den der Täter aktiviert hatte, um die Schüler aus den Klassenzimmern zu locken, dann die Schüsse und Schreie. Sechs Minuten und zwanzig Sekunden dauerte der Amoklauf. Zwanzig Schüsse hatte Cruz abgegeben. Danach waren siebzehn Menschen tot, vierzehn Schüler und drei Lehrer. Fünfzehn weitere Schüler hatte der Täter verletzt. Auch das ein paar nüchterne Zahlen.

Emma hat überlebt. Sie wird zum Sprachrohr der Opfer und der Anti-Waffen-Bewegung Amerikas. Innerhalb von einer Woche erlangt die junge Frau mit den raspelkurzen braunen Haaren und kubanischen Wurzeln weltweit Bekanntheit durch die Interviews, die sie gibt, und die Reden, die sie hält. Schnörkellos und ergreifend. Die erste gleich auf einer Gedenkfeier nur drei Tage nach dem Attentat. «Wieder und wieder wird über Waffen diskutiert», sagt die Achtzehnjährige zu den Trauernden in Parkland, einem wohlhabenden Ort zwischen Palm Beach und Fort Lauderdale. «Sogar während des Amoklaufs, als Schüler sich in Schränken versteckten, wurde andernorts über Waffen diskutiert. Doch hat man jetzt das Gefühl, als würden wir zum ersten Mal darüber reden – dabei stand das Thema allein in den letzten vier Jahren mehr als tausend Mal auf der Tagesordnung.» Immer wieder habe es Amokläufe gegeben, nie sei etwas passiert, nie seien die Waffengesetze verschärft worden. «Vielleicht denken Erwachsene: Es ist, wie es ist. Aber wir Schüler haben gelernt: Wenn du nicht lernst, fällst du durch. Also, wenn wir nicht handeln, sterben weiterhin Menschen. Es ist an der Zeit zu handeln!» Sie ist bereit zu handeln. «Wir Überlebenden müssen die Veränderung sein, die wir sehen wollen.»

González selbst beschreibt sich in einem Zeitungsbeitrag so: «Ich bin achtzehn, kubanischer Abstammung und bisexuell.» Ihr Vater ist 1968 aus Kuba nach Amerika gekommen, wo er als Anwalt für Cybersicherheit arbeitet, ihre amerikanische Mutter ist Mathelehrerin.

Sie hat sich diese Rolle als «Leader» nicht ausgesucht. Sie hatte nicht geplant, zu einem Gesicht ihrer Generation zu werden. Vor jenem Valentinstag hatte sie nicht einmal einen Twitteraccount. Ein paar Wochen später hat sie eineinhalb Millionen Follower, bald doppelt so viele wie die mächtige National Rifle Association (NRA), Amerikas Waffenlobby, mit der sie sich anlegt. In einem Interview mit der «New York Times» sagt sie: «Das ist jetzt meine ganze Welt. Ich kann es mir nicht länger erlauben zu schweigen.» Sie kämpft gegen Waffen, für die Rechte der Latinos und aller People of Color sowie für die LGBT-Bewegung. Damit steht sie für vieles, was die junge Generation ausmacht.

Gleich bei ihrem ersten öffentlichen Auftritt nennt González ihre Gegner beim Namen: Zum einen ist das Präsident Donald Trump, der wie immer nach solchen Amokläufen «nur warme Worte des Bedauerns» für die Opfer übrighabe. Zum anderen die Waffenlobby. «Wenn der Präsident hierher zu uns käme und mir ins Gesicht sagen würde, dass es eine schreckliche Tragödie sei, die nie hätte stattfinden dürfen. Und wenn er uns weiter weismachen wollen würde, dass man leider nichts dagegen machen könne, dann würde ich ihn gerne fragen, wie viel Geld er von der National Rifle Association bekommen hat.» Sie weiß die Antwort: «dreißig Millionen Dollar». Deshalb ist alles, was von ihm oder anderen Politikern kommt, die Geld von der NRA annehmen, nichts als «BS» - Bullshit. Denn sie haben nicht verhindert, dass der schwer gestörte, bekanntermaßen gewaltverherrlichende Täter sich problemlos Waffen besorgen konnte, obwohl mehrfach Warnungen vor ihm an die Polizei und sogar an die CIA gegangen waren.

Das selbstbewusste Auftreten von Emma González und Millionen anderer Schüler markiert den entscheidenden Unterschied zu den vielen Schulamokläufen zuvor. Für gewöhnlich verstummen die Angehörigen der Opfer nach solchen Taten, dieses Mal ist alles anders: Das Grauen und der Schmerz der Opfer bricht sich Bahn, kanalisiert sich in lautstarkem Protest. «Never Again», lautet ihr Ruf. «Nie wieder.»

Diese Jugendlichen repräsentieren die erste Generation amerikanischer Schüler, die nach dem Amoklauf an der Columbine High School geboren wurden. Bei dem «Schulmassaker von Littleton», wie es weltweit in der Presse genannt wurde, erschossen am 20. April 1999 in einem Vorort von Denver zwei Abschlussklässler zwölf Schüler, einen Lehrer und sich selbst. Das Massaker dauerte eine halbe Stunde. Vierundzwanzig Menschen wurden schwer verletzt. Die Täter waren achtzehn und siebzehn Jahre alt, Tatmotiv unklar – vielleicht waren sie von Mitschülern gemobbt worden, vielleicht wollten sie auch einfach nur berühmt werden. Beides lässt sich aus den Chat-Verläufen der beiden herauslesen.

Es war nicht der erste Schulamoklauf in den USA, aber der erste, der das Land und darüber hinaus die ganze Welt aufrüttelte. Schüler, die nach diesem Tag geboren wurden, zählen in Amerika zur «Generation Columbine» oder «Mass Shooting Generation». Es sind Schüler, die nie eine Welt ohne Schulmassaker erlebt haben. Für sie sind Amoklaufübungen so normal wie ein Feueralarm. Sie können noch nicht einmal lesen und schreiben, da lernen sie bereits, sich in einem solchen Fall lautlos hinzukauern. Sie sind es gewohnt, dass vor Schulen Sicherheitskräfte stehen, dass sie die Gebäude nur durch Schleusen mit Metalldetektoren betreten können und ihre Eltern ihnen kugelsichere Schulranzen kaufen.

All das gehört zum Alltag eines amerikanischen Schülers, weil auf Columbine etliche weitere Amokläufe folgten. Um nur ein paar Namen und Zahlen zu nennen: Im Dezember 2012 tötet Adam Lanza 20 Grundschüler und sechs Erwachsene in Connecticut. Der damalige Präsident Barack Obama fordert schärfere Waffengesetze, die allesamt im Kongress abgeschmettert werden. Auf Landesebene verschärfen einige Bundesstaaten ihre Gesetze. Der Staat Florida gehört nicht dazu: In Orlando erschießt Omar Mateen im Jahr 2016 49 junge Menschen in einem Nachtclub. 2017 sterben in Las Vegas 58 Konzertbesucher im Kugelhagel. Einen Monat später trifft es die Besucher eines Gottesdienstes in Texas – 26 Tote. Insgesamt sterben 2017 434 Menschen bei einem Amoklauf, 1801 werden verletzt. Die erschreckende Zahl der Schießereien: 345. Allein in dem Jahr. Und auch Emma González' Hoffnung, dass sie die letzten Schüler seien, die Zeugen eines Amoklaufes werden, wurde enttäuscht: Es hat seither etliche Vorfälle an anderen Schulen und Universitäten gegeben – zum Glück mit weniger Toten und Verletzten. Für das Jahr 2019 führt das Gun Violence Archive insgesamt 395 Amokläufe mit 452 Toten und Tausenden Verletzten auf. Das ist mehr als ein Massaker mit mindestens vier Verletzten oder Toten pro Tag.

Doch genug der Zahlen. Hat das nun etwas mit den vielen Waffen zu tun? Zumindest wurden all diese Schießereien mit einer Pistole beziehungsweise einem oder mehreren Gewehren verübt. Die Anti-Waffen-Bewegung wendet sich deshalb insbesondere gegen die laxe Ausgabe von halbautomatischen Gewehren, die es den Attentätern ermöglichen, um sich zu ballern wie mit einem Maschinengewehr. «Mit einem Messer», so ruft Emma González den Trauernden in Parkland zu, «hätte er (der Täter) nicht so viele Schüler verletzen können.»

Die Überlebenden von Parkland warten keine Sekunde. Aus Erfahrung wissen sie, dass sich nichts ändern wird. Ein paar Tage nationale Empörung. Fahnen auf halbmast. Gedenken an die Opfer und Gebete, ein paar gutgemeinte Forderungen und Initiativen. Und dann bleibt alles, wie es ist. Seit Columbine hat niemand es geschafft, die Macht der Waffenlobby zu brechen. Stattdessen überlegen die Politiker, ob man die Lehrer bewaffnen sollte.

Sie wollen es anders machen. Sie wollen die Revolte. Diese beginnt am Tag nach dem Attentat mit dem Hashtag #NeverAgain. Emma González und eine Handvoll Überlebender des Amoklaufs treffen sich zunächst in heimischen Wohnzimmern, dann in einem kleinen Büro, das ihnen kostenlos zur Verfügung gestellt wird. Cameron Kasky gehört dazu, Alex Wind, David Hogg und Jaclyn Corin. Sie planen große, landesweite Protestaktionen gegen die Waffenlobby – einen «National School Walkout» am 14. März 2018, einen Monat nach der Tragödie. Eine Million Schüler und viele Lehrer verlassen an dem Tag um zehn Uhr die Klassenräume, um der siebzehn Ermordeten zu gedenken, siebzehn Minuten schweigen sie für sie. Dreitausend Schulen machen mit. Am Tag davor platzieren sie siebentausend Paar Schuhe auf dem Rasen vor dem Kapitol in Washington. Ein Paar für jeden Schüler, der seit dem Amoklauf an der Sandy Hook Elementary School am 14. Dezember 2012 in den USA durch Waffengewalt getötet wurde. Einige der Schuhe wurden von Familien gespendet, die ihre Kinder bei einem Schulmassaker verloren hatten. Für den 24. März, sechs Wochen nach dem Parkland-Attentat, planen sie einen «March for

Our Lives» mit Protestmärschen in so vielen Städten wie möglich.

Einlass zum Headquarter des Planungskomitees, das aus drei fensterlosen Büroräumen besteht, erhält nur, wer dreimal klopft und sich dann namentlich identifiziert. Nur angekündigte Besucher werden eingelassen. Die Jugendlichen haben Angst. Sie werden in den sozialen Medien schon nach wenigen Tagen von anonymen Waffenfanatikern beschimpft und bedroht. Es werden Gerüchte gestreut, sie ließen sich von Waffengegnern bezahlen, seien als Schauspieler beauftragt, sie zu diffamieren. Es kommt aber auch zu Morddrohungen gegen das «linke Gesocks», die ketzerischen Staatsverräter und Aufwiegler, die, wie es heißt, die Grundrechte eines jeden US-Bürgers aushebeln wollen.

Denn schließlich gibt es in der Verfassung der Vereinigten Staaten jenen umstrittenen zweiten Zusatzartikel, der jedem Amerikaner den Besitz und das Tragen einer Waffe erlaubt. Generell wird er so ausgelegt, dass jeder US-Bürger von seiner Schusswaffe Gebrauch machen könne, um sich und seinen Besitz zu verteidigen. Jeder darf Jäger und Sportschütze sein. Aber selbst wenn dem so ist, so argumentieren die jungen Gegner: «Man benötigt keine halbautomatische Waffe wie ein AR-15-Gewehr, um zu jagen oder auf Tontauben zu schießen.»

Die Überlebenden beeindrucken die Nation. Sie haben zwar keine professionelle Vorbildung, dafür sind sie zu jung. Sie sind aber auch nicht mehr klein und naiv, sondern durchaus in der Lage, Zusammenhänge zu erfassen, sich zu artikulieren und große Dinge auf die Beine zu stellen. So hat David Hogg, der Journalist werden will, schon TV-Beiträge an der Schule produziert. Jaclyn Corin ist Schulsprecherin und hat kurz vor dem Protest eine fünfzigseitige Hausarbeit über Waffengesetze in Amerika geschrieben. Cameron Kasky und Alex Wind sind beide in der Theatergruppe und wissen, wie man Emotionen in einen Auftritt bringt. Emma González schließlich ist der politische Kopf der Gruppe (nach der Schule will sie Politik studieren).

«Diese Jugendbewegung ist beispiellos», so lautet das Urteil der Anti-Waffen-Aktivistin Kris Brown von der Brady Campaign to Prevent Gun Violence im April 2018 im «Time»-Magazin. Die Jugendlichen seien «alt genug, um professionell zu agieren, jung genug, um glaubhaft zu sein, und dazu in der Lage, sich über Twitter Gehör zu verschaffen, wie es zuvor nicht möglich war». Noch dazu sind sie allesamt unschuldige Opfer. Da fällt es den Gegnern schwer, sie frontal anzugehen. Von der Waffen-Lobby hört man tagelang gar nichts. Ein Politiker aus Maine, der González als «lesbischen Skinhead» beschimpfte, zog sich ganz schnell aus dem Rennen um höhere Posten zurück.

Hilfe bekommen die Jugendlichen von allen Seiten. Sogar mehr, als sie gebrauchen können und annehmen wollen. Die Rechnung für den «March for Our Lives» in Washington übernehmen Hollywood-Star George Clooney mit Frau, Kultregisseur Steven Spielberg, die milliardenschwere TV-Queen Oprah Winfrey und etliche andere Prominente. Eine PR-Agentur aus Hollywood unterstützt sie «pro bono», also ohne Bezahlung. Ebenso die Organisatorin des «Women's March», Deena Katz. Die einzigen erwachsenen Helfer, die im Headquarter ein und aus gehen dürfen, sind hingegen zwei Studenten, beide um die zwanzig, die alles unterschreiben, wofür man volljährig sein muss, also Verträge, Versicherungen und andere Sachen. Als die Eltern die Kinder fragen, wie sie helfen können, antworten diese: «Ihr könnt Pizza für uns bestellen.»

Der «March for Our Lives» am 24. März 2018 wird die größte Demonstration gegen Waffen, die die USA je gesehen haben. Überall im Land und auf der ganzen Welt schließen sich Kinder, Jugendliche, Eltern und Lehrer dem Protest an. 880 Protestmärsche vermelden die Organisatoren.

Emma González hält eine Rede auf der Hauptveranstaltung in Washington, vor 800 000 Menschen, darunter hochkarätige Prominenz von den Clooneys bis hin zu den Sängerinnen Miley Cyrus, Lady Gaga und Cher sowie Politikern wie dem Demokraten Bernie Sanders. Die Bühne allerdings ist an diesem Tag für jugendliche Redner reserviert. Das war von Anfang an die Vorgabe der Organisatoren. Es soll für alle Welt klar erkennbar sein, dass hier die Jugend spricht. Und zwar nicht nur die privilegierte weiße Jugend, sondern die gesamte Jugend, in ihrer vollen Diversität. Deshalb suchen sie gezielt schwarze Rednerinnen wie Naomi Wadler. Ihnen sei bewusst, betonen sie immer wieder, dass viele schwarze Opfer nicht so viel mediale Aufmerksamkeit und finanzielle Unterstützung wie sie erhalten. «Wir kommen aus einer wohlhabenden Gemeinde, wir sind überwiegend weiße Kinder. Das ist ein Privileg, das wir nutzen müssen.»

Emma Gonzáles macht nicht viele Worte. Sie geht auf die Bühne, sagt ein paar Sätze, dann nennt sie die Namen der Toten – und schweigt. Endlos lange. Sie steht dort, schließt die Augen, weint lautlos und rührt sich nicht, bis ihr Handy klingelt. «So, vor genau sechs Minuten und zwanzig Sekunden bin ich auf die Bühne gekommen. Genau so lange hat der Täter gebraucht, um sein Massaker zu Ende zu führen.» Bevor sie die Bühne verlässt, ruft sie wütend in die Mikros: «Kämpft für euer Leben, bevor es ein anderer für euch tun muss.» Diese Rede mit der quälend langen Pause wird in die

Geschichte der amerikanischen Anti-Waffen-Bewegung eingehen, so viel ist sicher.

Die bisherigen Erfolge sind aus Sicht der Waffengegner enttäuschend. Aber immerhin: Florida hat gleich am 9. März 2018 einige Verschärfungen beschlossen, das Alter für den Kauf von Waffen auf einundzwanzig Jahre hochgesetzt und die sogenannten Bump Stocks, Vorrichtungen, die halbautomatische Gewehre in vollautomatische Waffen verwandeln, verboten. Andere Staaten folgen dem Beispiel. Der Kongress macht zudem den Weg frei, dass künftig der biographische Hintergrund eines Waffenkäufers beleuchtet werden kann. Und staatliche Behörden dürfen erforschen, was der Grund für die hohe Zahl von Amoklauf- und Gewaltopfern in den USA ist. Ob also – um auf die Frage vom Anfang des Kapitels zurückzukommen – die vielen Opfer von Schießereien in den USA womöglich etwas mit der großen Menge an Waffen in den Händen von Privatleuten zu tun haben. Solche Studien waren zuvor untersagt.

Zudem bekommt die Waffenlobby Gegenwind aus der Wirtschaft. Etliche Unternehmen kündigen Kooperationen mit der NRA auf (sie hatten den fünf Millionen Mitgliedern Vergünstigungen eingeräumt) und distanzieren sich öffentlich, darunter Delta und United Airlines, der Autovermieter Hertz, der Versicherer Metlife, die Internetfirma Symantec und mehrere Hotelketten. Walmart, einer der größten Waffenhändler in Amerika, erhöht die Altersgrenze für Waffenkäufe von achtzehn auf einundzwanzig Jahre. Ein Jahr – und zwei Amokläufe mit 24 Toten in den eigenen Filialen – später schränkt die größte Einzelhandelskette der Welt den Verkauf von Waffen und Munition weiter ein.

Es bewegt sich etwas. Trotzdem hat Emma González sich auf einen langen Kampf eingestellt: «Das wird mich wohl den

Rest meines Lebens begleiten», sagt sie schon in einem ihrer ersten Interviews. Sie weiß, dass die Widerstände gegen das Verbot von Waffen groß sind. Die Waffenlobby ist mächtig. Und die Mühlen der Institutionen mahlen langsam. Deshalb setzen die Parkland-Überlebenden auf die junge Generation, die sich erst noch eine Meinung bildet. Ihre wichtigste Botschaft ist: Wir können alles ändern, es ist nicht zu spät. Geht zur Wahl – «Vote them out!»

Sommer 2020. Emma González studiert in Florida Politikwissenschaften. Ihr Thema sind immer noch Waffen. Und Wahlen. Die Präsidentschaftswahl steht an. Durch den Tod von George Floyd bekommt die Bewegung «Black Lives Matter» gegen die Diskriminierung und Misshandlung Schwarzer durch die Polizei weltweit Aufmerksamkeit. González mit ihren kubanischen Wurzeln ist voll auf ihrer Seite. Sie gibt allerdings keine Interviews, hat keine Auftritte, auch nicht virtuell. Auch für dieses Buch ist sie nicht erreichbar. Aber ihre Social-Media-Kanäle bespielt sie fleißig. Mal sieht man sie mit Freunden im Umzugswagen an der Universität. Mal albert sie mit einer Freundin auf einer grünen Wiese herum. Dann schreibt sie «Hallo, ich werde heute zwanzig» unter das Bild einer strahlenden, gutaussehenden Frau mit dunklem Lippenstift. Und fordert die Menschen in ihrem Alter auf, sich für die Präsidentschaftswahl im Herbst registrieren zu lassen. «Vote them out!» Das Leben einer ganz normalen Studentin scheinbar. Wenn da nicht diese anderen Posts wären. «Ich habe PTSD (posttraumatische Belastungsstörungen), und deshalb fühle ich mich, als ob ich sterben müsste.» «Ich leide an Depressionen, und meine einzige Motivation im Leben ist, dass ich noch einmal schlafen möchte. Ich arbeite daran.»

Diese junge Frau, so stark sie nach außen wirkt, hat seit

dem 14. Februar 2018 eine schwer verletzte Seele. Feuerwerk ist ein Horror für sie. «Bitte, verzichtet darauf», schreibt sie vor dem Nationalfeiertag am 4. Juli, den die Amerikaner traditionell mit Feuerwerk begehen. «Es klingt wie Gewehrschüsse. Ihr wisst nicht, was das in jemandem mit posttraumatischen Belastungsstörungen auslöst.» So wie ihr geht es vielen anderen jungen Menschen aus der Generation Columbine, die einen Amoklauf miterlebt haben. Zwei Überlebende des Parkland-Attentats haben sich später das Leben genommen. Sie litten an PTSD und kamen nicht klar damit, dass sie überlebt haben, während ihre Freunde gestorben sind; Überlebensschuldsyndrom heißt dieses Phänomen in der Psychologie.

Die junge Generation will das ändern. Unvergessen sind Emma González' Worte, die sie nur drei Tage nach dem Attentat gefunden hat: «Sie sagen uns, ein guter Typ mit einer Waffe stoppt einen schlechten Kerl mit Waffe. Wir sagen: Bullshit. Sie sagen, Gewehre sind Werkzeuge wie Messer und so gefährlich wie Autos. Wir sagen: Bullshit. Sie behaupten, kein Gesetz hätte all die sinnlosen Tragödien verhindern können. Wir sagen: Bullshit. Sie sagen, dass wir Kinder keine Ahnung haben, worüber wir reden, dass wir zu jung sind, um zu verstehen, wie die Regierung funktioniert. Wir sagen: Bullshit.»

6.

DER KAMPF FÜR DIE RECHTE VON MINDERHEITEN

NAOMI WADLER WILL ALLES, NUR NICHT «SÜSS» SEIN

Das Parkland-Massaker war grauenvoll. Die Bilder gingen um die Welt, sie waren in jeder Zeitung, in allen Fernsehnachrichten. Beim «March for Our Lives» kamen knapp sechs Wochen nach dem Attentat 800 000 Menschen zusammen, um der Opfer zu gedenken. Angehörige sprachen, Prominente, Politiker, auch Martin Luther Kings Enkelin, Yolanda Renee King, stand auf der Bühne. Sie war mit neun Jahren die jüngste Rednerin.

Die zweitjüngste war Naomi Wadler. Elf Jahre alt. Eine Grundschülerin in der fünften Klasse, die sich vor Hunderttausende Menschen stellt und fordert: «Never again!» Und mehr noch: Sie kritisiert nicht nur die laxe Waffengesetzgebung der Vereinigten Staaten, sie macht den Parkland-Amoklauf auch zu einem Rassismusthema. Ob sich die Menschen empören über die Ermordung, hänge zum großen Teil von der Hautfarbe ab, behauptet die junge Schülerin und erinnert an all die erschossenen schwarzen Mädchen, derer niemand gedenke. Sie nennt Courtlin Arrington, eine Siebzehnjährige aus Alabama, die kurz vor ihrem Abschluss von einem Klassenkameraden in der Schule erschossen wurde. «Das war nur drei Wochen nach dem Massaker in Parkland.» Ihr Tod aber habe kaum Beachtung gefunden, so wie die Ermordung vieler anderer schwarzer Mädchen in den USA. «Weil sie nicht zählen.» Weil sich für sie niemand interessiere.

Naomi Wadler ist eine der vielen jungen afroamerikanischen Stimmen, die sich innerhalb der Protestbewegung «Black Lives Matter» sammeln. Rassismus sowie die Gewalt von Polizisten gegen Schwarze beziehungsweise gegen People of Color in Amerika ist das, was sie anprangert.

Erstmals taucht der Hashtag #BlackLivesMatter im Jahr 2013 auf, als ein siebzehnjähriger Afroamerikaner in Florida unter ungeklärten Umständen erschossen wurde, der Täter sich auf Notwehr berief und freigesprochen wurde. Schwarze Jugendliche stellten ihren Widerstand gegen das Urteil unter dieses Motto. Denn, so schrieb die schwarze Aktivistin Alicia Garza in einem Facebook-Post, der Freispruch entwerte schwarze Leben: «Our Lives Matter, Black Lives Matter.» Eine Kampagne war geboren.

Im Jahr darauf erlangt die Bewegung, die als dezentrales Netzwerk organisiert ist und sich durch Spenden finanziert, landesweite Aufmerksamkeit. Der Anlass ist traurig: Immer wieder werden Schwarze Opfer von Polizeigewalt. Nach dem Tod von Michael Brown kommt es in Ferguson, Missouri, zu Unruhen. «Black Lives Matter» ruft zu einem «Freedom Ride» in der Stadt auf und entwickelt sich innerhalb der vielen afroamerikanischen Initiativen auf den Demonstrationen zur sichtbarsten Gruppe; schnell wird sie zum Symbol für den Protest. Seither kommt es nach Todesfällen von Schwarzen bei Polizeieinsätzen regelmäßig zu großen Aufmärschen. Die Opfer heißen Tamir Rice, Walter Scott und am 25. Mai 2020 George Floyd. Der Sechsundvierzigjährige wird von einem weißen Polizisten in Minneapolis – dessen Knie auf seinem Kopf – zu Boden gedrückt, acht Minuten lang, bis er erstickt. Ein Video der brutalen Szene verbreitet sich rasch im Internet, darin hört man Floyd mehrfach – mindestens siebzehnmal – um sein Leben flehen. «I can't breathe.» Auch Augenzeugen rufen dem Polizisten immer wieder zu, dass der Mann keine Luft bekomme und sich nicht mehr bewege, sie fordern ihn auf loszulassen und seinen Puls zu messen.

Der Vorfall provoziert Massenproteste in ganz Amerika, friedliche Demonstrationszüge, aber auch Straßenschlachten, Plünderungen und Brandstiftungen. Eine gewaltige Frustration und Wut brechen sich Bahn. Mehrere Städte verhängen Ausgangssperren, das Militär marschiert auf. Das trägt nicht gerade zur Deeskalation bei. «Black Lives Matter» ist da schon zur globalen Parole geworden. Auch in Australien, Europa und Asien gehen Menschen auf die Straße – aus Solidarität mit Schwarzen in den USA, aber auch, um auf Rassismus im eigenen Land aufmerksam zu machen. Im britischen Bristol stürzen Demonstranten die Statue eines früheren Sklavenhändlers vom Sockel. In Antwerpen lässt die Stadtverwaltung das Denkmal von König Leopold II. entfernen, der für die grausame Herrschaft Belgiens im Kongo verantwortlich war. In Boston köpfen Demonstranten eine Kolumbus-Statue, in Richmond werfen sie ein Denkmal des Entdeckers Amerikas in einen See, in San Francisco lässt die Stadtverwaltung eine Statue vorsorglich abbauen. Präsident Trump bezeichnet die Demonstranten als Vandalen, Anstifter, Terroristen und droht den Bilderstürmern mit zehn Jahren Haft. Auf die Schnelle billigt das Repräsentantenhaus ein Gesetz für eine Polizeireform, die vorsieht, dass Polizisten leichter zur Rechenschaft gezogen werden können. Zudem soll der Würgegriff bei Festnahmen verboten werden.

Auf eine solche Reform hat Naomi Wadler lange gewartet. Wadler setzt sich vor allem für die weiblichen Opfer von Polizeigewalt ein. So war die Afroamerikanerin Breonna Taylor im März 2020 von Polizisten erschossen worden, die nachts auf der Suche nach zwei Drogendealern, darunter der Ex-Freund Breonnas, ihre Wohnung stürmten. In einem Schusswechsel mit ihrem neuen Freund, der die Polizisten in Zivil für Einbrecher hielt, wurde die junge Notfallsanitäterin im Bett getötet. Die beiden gesuchten Drogendealer standen zu dem Zeitpunkt fünfzehn Kilometer entfernt bereits unter Polizeibeobachtung. In Taylors Wohnung werden keinerlei Drogen gefunden. Viele Aktivisten, darunter auch Popstar Beyoncé, fordern seither, dass die Polizisten für diese Tat zur Rechenschaft gezogen werden. «Drei Monate sind vergangen – und niemand wurde festgenommen, und kein Polizist wurde entlassen», klagt die Sängerin in einem offenen Brief an die zuständige Staatsanwaltschaft.

In der Juniausgabe des «Time»-Magazins schreibt Naomi Wadler: «Ahmaud Arbery wurde erschossen, als er draußen joggte. Breonna Taylor wurde umgebracht, als Cops in ihr Apartment eindrangen, während sie schlief ... Geschichten wie diese sind so alt wie unser Land.» Als Aktivistin frustriert sie das. «Meine Arbeit verändert nichts, ist sinnlos.» Andererseits hat sie das Gefühl, dass etwas in Bewegung kommt: «Ich bin noch eine Schülerin, und nach allem, was ich bislang über Geschichte gelernt habe, kamen Geschichten wie diese in der Vergangenheit nicht vor. Sie wurden überhaupt nicht erzählt. Dass wir heute von ihnen lesen und hören, dass sie Aufmerksamkeit erzeugen, ist ein kleiner Fortschritt. Das bestätigt mich darin weiterzumachen. Es gibt mir Hoffnung. Jeder von uns kann etwas tun, damit Mädchen wie ich eine gerechtere Zukunft haben.»

Rassismus war für Naomi Wadler von klein auf ein Thema. Sie wurde 2007 in Äthiopien geboren. Ihre Adoptivmutter holt sie und später noch ein zweites Mädchen als Baby aus einem Waisenhaus in die USA, wo sie in der Nähe von Alexandria, der Hauptstadt des Bundesstaats Virginia, aufwachsen. Die Adoptivmutter ist weiß, ihr Lebensgefährte schwarz. Als Naomi drei Jahre alt ist, fragt sie ihre Mutter, warum alle ihre Lieblingsprinzessinnen in den Büchern, die sie liest, blond sind und blaue Augen haben. Anderen Kindern wäre das in dem Alter vielleicht gar nicht aufgefallen. Wadler schon. Über Herkunft, Hautfarbe wird bei ihnen häufig am Esstisch diskutiert. Wie über politische Themen generell. Die Mädchen schauen Nachrichten im Fernsehen, interessieren sich für alles, was in der Welt passiert. Der Mutter fragen sie Löcher in den Bauch.

Das Parkland-Attentat politisiert die damals elfjährige Naomi endgültig. Sie sieht die Bilder im Fernsehen. Ihre Mutter erzählt, dass die Tochter einer ihrer Freunde dort vermisst wird. Die Familie ist, wie so viele andere, schockiert. Am nächsten Morgen erhalten sie die traurige Nachricht, dass sich die Vierzehnjährige unter den Toten befindet. «Ich dachte die ganze Zeit nur: Was kann ich tun?», sagt Naomi später in verschiedenen Interviews.

Nur was kann eine Elfjährige tun? Sie erfährt, dass an vielen Schulen ein «Walkout Day» geplant wird, an dem die Schüler um zehn Uhr die Klassenräume verlassen und draußen der Opfer gedenken. Siebzehn Minuten Schweigen für siebzehn Tote. Die Fünftklässlerin findet, dass sie das an ihrer Grundschule auch machen könnten. Mit einem Freund im Schlepptau sucht sie den Direktor auf und bittet ihn um die Erlaubnis dafür. «Der war erst einmal überrascht. Klar, er hat nicht damit gerechnet, dass Zehn- und Elfjährige politische Aktivisten sein können.» Aber er bewilligt den Walkout. Am 14. März 2018 stellen sich sechzig Grundschüler mit Plakaten für die Schweigeminuten auf den Schulhof. Am Ende fallen sie alle gleichzeitig um und bleiben reglos liegen. Auf ihren Plakaten steht #NeverAgain, #NoMoreShootings, #NoGuns. #StopViolence. Enough is enough!

Die jungen Aktivisten sind damit Teil der dreitausend Schulen, die bei der landesweiten Aktion mitmachen, Teil einer Bewegung von mehr als einer Million Schülern. Aber wohl nahezu die einzigen Grundschüler. Und auch vermutlich die einzigen, die nicht siebzehn, sondern achtzehn Minuten lang geschwiegen haben, um auch der erwähnten Courtlin Arrington zu gedenken.

Die Extraminute war Naomis Idee. Schon als kleines Mädchen hat es sie geärgert, dass es nur Weiße mit ihren Geschichten auf die Titelseiten schaffen. Dass es – fast – nur weiße Heldinnen in Filmen und Serien gab. Dass Weiße mehr respektiert werden, mehr zählen. «Ich hatte plötzlich das Gefühl, für die toten schwarzen Mädchen aufstehen zu müssen. Damit sie nicht vergessen werden.» Deshalb will sie auch zum großen Demonstrationsmarsch nach Washington. Ihre Eltern wenden sich dagegen. Schließlich sind gerade Frühlingsferien, sie wollen mit den Mädchen ein paar Tage wegfahren.

Dann aber bricht eine große Welle über sie herein, wie sie sonst nur Prominente erleben. Es beginnt damit, dass einige Zeitungen die Streikgeschichte an der Grundschule aufgreifen. Eine Reporterin des «Guardian» postet ein Foto von einer handgeschriebenen Pressemitteilung auf Twitter mit den Worten: «Termin bei einem Walkout an einer Grundschule, und die elfjährigen Veranstalter hatten sogar ein Pressekit für mich vorbereitet.» Allein dieser Tweet erhält 135 000 Likes, wird 28 000 Mal geteilt und 1200 Mal kommentiert. Ein Fernsehsender ruft an. Die TV-Leute führen mit Naomi, die mittlerweile mit ihrer Familie ans Meer gefahren ist, ein Skype-Interview für die Nachrichtensendung «Now This». Dort erzählt Wadler wieder von den anderen Opfern, den schwarzen Mädchen, dem unterschwelligen Rassismus im Land: «Ich glaube nicht, dass die Menschen sich das gezielt vornehmen. Dass sie denken: Hey, die ist schwarz, an die wollen wir uns nicht erinnern. Ich glaube eher, dass das ganz weit zurückgeht. Bis zur Sklaverei, bis zur Segregation. Da sind all diese Dinge, die im Hinterkopf der Menschen unbewusst eine Rolle spielen.»

Da sitzt also dieses kleine Mädchen in ihrer Urlaubsunterkunft in einer winzigen Küche vor dem Laptop, das Bild ist wackelig und unscharf, irgendwo hinten bellt ein Hund. Aber ihre Worte schlagen ein. Kurz darauf rufen die Veranstalter des «March for Our Lives» bei Naomis Mutter an. «Sie wollen, dass du dort auftrittst», sagt sie. Naomi ist begeistert. Jetzt kann sie also doch hin! Und sogar auf die Bühne. Sogar backstage mit denen, die sie bewundert. Sie wird Emma González treffen. All die anderen Redner und Promis, sogar Steven Spielberg wird da sein. «Kennst du George Clooney?», fragt ihre Mutter dann noch. Natürlich kennt eine Elfjährige den Hollywoodstar. «Der ruft gleich an, will dich sprechen.» Eine halbe Million Dollar hat Clooney mit seiner Frau für den Marsch gegen die Waffengewalt gespendet. Am Telefon sagt er, dass er sie gesehen habe in «Now This». «Er meinte, ich sei sehr eloquent, und ihm gefiel meine Botschaft.»

Unglaublich redegewandt ist Naomi Wadler in der Tat. Sobald sie ein Mikrofon in der Hand hält, dreht sie auf. Schon bei ihrem ersten großen Auftritt beim «March for Our Lives» steht sie kerzengerade auf der Bühne, vor ihr die Massen der Demonstranten. Hinter ihr das weiße Kapitol. Die Grundschülerin ist so klein und schmal, man würde sie anderswo leicht übersehen. Hier aber, als alle Augen auf ihr ruhen, geht eine enorme Ausstrahlung von ihr aus. Sie erfüllt mit ihrer Präsenz die ganze Veranstaltung. Ihre Worte klingen nicht wie die eines kleinen Mädchens, das einen Text auswendig gelernt hat und nun artig herunterspult, um bei Mama und Papa oder der Lehrerin zu punkten. Sie hat überhaupt nichts Kindliches. Schwarz ist sie gekleidet, bis auf einen dicken knallorangen Schal – die Farbe der Waffengegner. «Ich bin hier für all die afroamerikanischen Mädchen, die es nicht auf die Titelseiten der nationalen Zeitungen und in die TV-News schaffen», sagt sie, und die Menge jubelt ihr zu. «Die nur als Zahl in der Statistik auftauchen statt zu leben, als lebendige, hübsche Mädchen voller Potenzial ... Ich bin hier, um die schwarzen Mädchen und Frauen zu ehren, die in unserem Land unverhältnismäßig häufig umgebracht werden.»

Mit ihrer Rede am 24. März 2018 ändert sich Naomi Wadlers Leben von einem Tag auf den anderen. Plötzlich ist sie berühmt. Sie fliegt nach Los Angeles zur «Ellen DeGeneres»-Show, einer der berühmtesten Talkshows der USA. Dann nach Atlanta, wo sie in der Ebenezer-Baptistenkirche auftritt. In New York geht sie zum «Women in the World»-Kongress und zum Tribeca Film Festival. Es folgen ein Gipfel der Tory Burch Foundation, die sich für die Stärkung von Frauen einsetzt, ein Besuch der Schule in Birmingham, Alabama, in der Courtlin Arrington erschossen wurde, der schwarzen Bürgerrechtsbewegung National Urban League und ein Spiel der Baseballmannschaft Washington Nats, bei dem sie geehrt wird.

Und das war nur der April 2018. Danach geht es so weiter. An ein Leben wie zuvor ist nicht zu denken. Die Mutter engagiert einen Anwalt, der die Verträge aushandelt und die Anfragen abarbeitet. Sie sichert sich Web-Adressen, gründet eine Stiftung und eröffnet ein Bankkonto für die Tochter, auf das ein Teil der Gagen fließt. Für später, für Naomis Studium. Das Smithsonian American Art Museum in Washington bittet um den orangen Schal, den sie auf dem Marsch trug. Den hatte sie sich am Vorabend spontan von der Tante geliehen, die bei ihnen vorbeischaute, um Naomi für einen Geschichtstest abzufragen.

Aber ist eine Gedenkfeier wie der «March for Our Lives» der richtige Anlass, um auf die Diskriminierung in Amerika hinzuweisen? Stimmt es, dass, wie Wadler sagt, in Chicago täglich schwarze Mädchen getötet werden, dies aber niemand mitbekomme, weil es nicht interessiere? Ging das Parkland-Massaker durch die Medien, weil die Opfer weiß waren? Und darf man das gegeneinander aufrechnen? Naomi Wadler hat sich all diese Fragen gestellt, als sie ihre Rede vorbereitet hat. Sie hat sie sich und ihrer Mutter gestellt, als sie zum ersten Mal von dem Amoklauf gehört hat. Und ihre Antwort ist eindeutig: ja. Sie darf die schuldlos Erschossenen anführen, um auf eine Ungerechtigkeit gegenüber anderen unschuldigen Opfern hinzuweisen.

Woher nimmt eine Grundschülerin mit elf Jahren diese Selbstgewissheit? Diese Chuzpe? Es kommt aus ihr, es hat aber auch mit der Erziehung in ihrem Elternhaus zu tun. Ihre Mutter, Julie Wadler, ist weiß, jüdischen Glaubens und Republikanerin. Sie hat für konservative Parteikandidaten und das National Republican Congressional Committee gearbeitet, bevor sie ihre eigene Event- und Fundraising-Agentur aufzog. 2007 beschließt sie, ein Mädchen aus Äthiopien, einem anderen Kulturkreis, zu adoptieren. Das war eine sehr bewusste Entscheidung. Sie hatte sich mit dem Land auseinandergesetzt, es bereist, sich in Geschichte und Politik eingelesen. Ein Jahr später lernt sie ihren Lebensgefährten kennen und adoptiert ein zweites Mädchen aus der äthiopischen Hauptstadt Addis Abeba.

Von klein auf spricht das Paar mit den Töchtern über die Dinge, die in der Welt passieren. Auch über die unschönen, grausamen. «Viele Eltern halten das Schlechte fern von ihren Kindern, um sie zu beschützen», meint Naomi, die das falsch findet. «Dadurch wissen Kinder oft wenig über die Welt und können sich keine eigene Meinung bilden. Sie leben in ihrer eigenen Welt.» Sie hatte früh eine eigene Meinung und wurde von Julie Wadler darin bestärkt, sie zu äußern. «Auch wenn viele das nicht verstehen.»

Von ihrem ersten öffentlichen Auftritt an wird Naomi Wadler nicht nur gefeiert wie ein YouTube-Star, sondern auch immer wieder heftig kritisiert. Auf Twitter und Instagram wird sie beschimpft. Was sie allerdings nicht direkt mitbekommt, weil ihre Mutter ihre Accounts verwaltet und ihr bei weitem nicht alles zeigt. «Da ist sie streng.»

Häufig hat sie zu hören bekommen, sie lasse sich vor den Karren Erwachsener spannen. «Leute haben mir gesagt, ich sei zu jung für solche Gedanken. Leute haben gesagt, ich sei das Werkzeug eines namenlosen Erwachsenen. Aber das stimmt nicht», sagt sie während ihrer Rede in Washington. Das Rebellentum lodert in ihr selbst. «Meine Freundinnen und ich, wir sind vielleicht erst elf Jahre alt, und wir gehen vielleicht noch zur Grundschule. Aber wir wissen, dass das

Leben nicht für alle gleich ist. Und wir wissen auch, was richtig und falsch ist.»

800 000 Schüler und Eltern jubeln ihr zu, als sie ihnen zum Schluss ihrer dreieinhalbminütigen Rede «Never again!» zuruft. «Ich hatte damals keine Ahnung, wie man eine Rede schreibt», räumt sie später ein. Die Mutter habe ihr etwas helfen müssen, eine Struktur in ihre Gedanken zu bringen. Aber Naomi spürt intuitiv, wie eine Rede auf der Bühne gelingt. Und sie weiß, wovon sie spricht. «Ich hasse es, wenn Erwachsene mich nicht für voll nehmen und mir die Welt erklären wollen.» Noch mehr hasse sie es, wenn Leute sie «süß» finden. «Die sollen mich ernst nehmen.»

Das ist nicht immer so. Das Mädchen polarisiert. Manche nehmen sie ernst, andere nicht. Ihre Berühmtheit flaut nicht ab, wie Mutter und Tochter erwartet hatten. Ganz im Gegenteil. Wildfremde betteln um Selfies mit ihr, wollen sie «einfach mal berühren», für sie beten. Der U2-Sänger Bono schickt ihr aus Irland ein Bild, das er von ihr gemalt hat. Ständig muss Naomi sich entscheiden: Nimmt sie an der Theateraufführung an ihrer Schule teil oder fliegt sie lieber nach Harvard, um auf einer Veranstaltung mit Chelsea Clinton, Tochter des ehemaligen Präsidenten, und dem afroamerikanischen Literaturwissenschaftler Henry Louis Gates Jr. aufzutreten?

Sie landet auf dem Cover der Illustrierten «Vanity Fair», wird mit Barbra Streisand für das New Yorker Magazin «Women and Power» porträtiert; die Fotolegende Annie Leibovitz macht ein Shooting mit ihr, ebenso der berühmte britische Fotograf Platon, der normalerweise Präsidenten und andere wichtige Staatsmänner ablichtet. Im Frühling 2020 wird ihr großer Traum wahr: Sie darf die Zeitungsredaktion der «New York Times» besuchen. «Dream come true», postet sie unter einem Selfie vor dem Eingang in die heiligen Hallen. Dort möchte sie später Chefin werden. Um die Geschichten zu schreiben, die nicht erzählt werden. «Die aber erzählt werden müssen.» Bis dahin ist noch etwas Zeit. Sie erhält schon einmal einen Sitz in einem Beratungsgremium am Law Center der renommierten Georgetown University in Washington, kann sich mit etlichen Preisen schmücken. Ihre Mutter versucht, ihr Leben zu organisieren und sie abzuschirmen vor allzu aufdringlichen Menschen, egal ob wohlmeinenden oder übelgesonnenen. Julie Wadler weitet ihre Rolle aus, wird Managerin der Tochter, ihr Bodyguard, ihre Pressesprecherin. «Darauf war niemand in unserer Familie vorbereitet», sagt sie in einem Gespräch mit der Zeitschrift «Washingtonian». «Sie nicht, ich nicht. Keiner.»

Im Januar 2020 ist Naomi Wadler eine der zehn «Teen Changemaker», die nach Davos zum Weltwirtschaftsforum eingeladen werden. Als jüngste Teilnehmerin aller Zeiten. Dreizehn Jahre alt ist sie da und muss zwei Wochen «schulfrei» dafür nehmen. Die Mutter weicht ihr in den Graubündener Bergen nicht von der Seite, sitzt allerdings häufig ein paar Schritte entfernt am Laptop oder telefoniert. «Meine Arbeit ruht schließlich nicht, nur weil meine Tochter hier auftritt», stellt sie lächelnd klar.

In Davos berichtet Naomi Wadler von einer Fahrt mit ihrer Mutter im Shuttlebus, mit dem die Promis durch den Skiort transportiert werden. Ein anderer Teilnehmer des Wirtschaftsgipfels beginnt mit ihrer Mutter ein Gespräch über die USA und die amerikanische Politik. Er meint, sie könnten von Glück reden, dass sie einen Präsidenten wie Trump hätten. Naomi mischt sich ein: «Sorry, Sir. Ich glaube nicht, dass Präsident Trump gute Politik betreibt.» Er guckt das Mädchen irritiert an, ignoriert sie dann aber und redet munter weiter auf die Mutter ein. Aber Naomi Wadler ist anderer Meinung als er. Und sagt ihm das auch, sehr bestimmt. Aber auch sehr höflich. «Meine Mutter hat uns beigebracht, dass wir immer ausgesprochen freundlich und höflich bleiben sollen.» Sonst bestärkten sie nur die Vorurteile vieler Erwachsener, dass sie dumme kleine Gören seien. Vor allem sie, als Schwarze. «Wenn ich so emotional wie Greta Thunberg oder Emma González auftreten, wenn ich schreien oder weinen würde, würde ich als unhöflich und respektlos gelten.» Deshalb folgt sie dem Appell der Mutter. «Also bleibe ich stets bei «Sir» und «Würden Sie bitte» und «Dürfte auch ich dazu etwas sagen». Sogar wenn sie von Erwachsenen beleidigt und beschimpft wird. «Aber meistens ignorieren sie mich einfach. Wie der Mann im Shuttlebus, der mit meiner Mutter über mich diskutieren wollte, obwohl ich daneben saß. Als wäre ich nicht existent.» Dabei hätte sie ihm gerne ein paar Dinge erklärt, die schieflaufen in ihrem Land. «Er war ja gar kein Amerikaner und meinte trotzdem, mich und meine Mutter belehren zu dürfen, wie dankbar wir dafür sein sollten, in Amerika zu leben.»

So findet sie es zum Beispiel überhaupt nicht in Ordnung, dass Vierjährige im Kindergarten für den Ernstfall eines Amoklaufs üben müssen. Die Kinder lernen, wo sie sich verstecken sollen, dass sie still sein, die Tür abschließen und die Jalousien herunterlassen müssen, damit niemand von außen hereingucken kann. Da stehen die Kindergartenkinder dann und harren aus, ohne zu verstehen, um was es eigentlich geht. Denn dass der Amokläufer wild um sich ballert und sie alle töten will, wird ihnen so klar natürlich nicht gesagt. Sie sollen ja nicht verängstigt werden.

Auch das stört Naomi Wadler: dass sie permanent bevormundet werden. Ebenso, dass Kinder – zumindest indirekt –

Zeuge von Schießereien werden. In der zweiten oder dritten Klasse gab es an ihrer Schule einen echten Alarm, weil ein Mann in der Nähe zwei Frauen erschossen hatte und verfolgt wurde. Eine Spezialeinheit der Polizei durchsuchte auch ihre Schule. Sie durften sich nicht wegbewegen. «Wir hatten solche Angst.» Später habe sie sich an den Alarm gewöhnt. Wie auch ihre Klassenkameraden. Jeder denke ja: Uns trifft es schon nicht. Und das stört sie am meisten. «Wir gewöhnen uns daran, weil es normal ist. Weil es ständig passiert in Amerika. Und genau das sollte nicht sein.» All das hätte sie dem Mann im Shuttlebus in den Schweizer Bergen gerne gesagt. «Aber er wollte ja nicht zuhören, weil ich ein Kind bin.»

MARLEY DIAS UND IHRE AKTION #1000BLACKGIRLSBOOKS

Marley Dias war zehn Jahre alt, als ihr etwas Merkwürdiges auffiel: Alle Bücher, die der Fünftklässlerin in der Schule als Lektüre nahegelegt wurden, handelten von weißen Jungs und ihren Hunden. Sie hat sie alle gelesen. Sie fand sie großartig. «Old Yeller» von Fred Gipson war dabei, «Where the Red Fern Grows» von Wilson Rawls und «Shiloh» von Phyllis Reynolds Naylor. Aber warum wurden an ihrer Schule keine Bücher mit schwarzen Heldinnen empfohlen? Schließlich war sie in ihrer Grundschule, in New Jersey, nahe Philadelphia, nicht alleine unter Weißen, im Gegenteil. «Man lernt doch viel mehr aus Büchern, wenn man sich mit der Hauptfigur identifizieren kann. Wenn sie der eigenen Person nahekommt», argumentierte Marley Dias vier Jahre später, nach etlichen Talkshow-Auftritten und Auszeichnungen als Jungaktivistin.

Damals, im Jahr 2015, kam sie von der Schule nach Hause und beschwerte sich beim Mittagessen («Es gab Pfannkuchen») bei ihrer Mutter über die Ungerechtigkeit in der Schulliteratur. Diese meinte: «So, das stört dich also. Und was machst du jetzt?» Irgendetwas wollte sie unternehmen. Zunächst einmal galt es herauszufinden, welche Bücher überhaupt eine schwarze Hauptfigur haben. Ihre Mutter schlug ihr eine Art Challenge vor: «Starte eine Online-Kampagne! Bitte die Menschen, dir Bücher mit einer schwarzen Heldin zu schicken.» Schon war die Idee zu #1000BlackGirlsBooks geboren. «Ich wollte möglichst viele Bücher sammeln und sie dann einer Schule spenden.» Mindestens tausend verschiedene Titel sollten es sein. «Wir haben sehr viele Bücher zu Hause. Daher wusste ich, dass es mehr als fünfhundert geben musste. Ich wollte mindestens doppelt so viele!»

Im November 2015 startet der Aufruf. Drei Monate hatte Marley Dias sich als zeitliches Limit gesetzt. Denn im Februar 2016 wollte die Familie nach Jamaika fliegen, in die Heimat ihrer Mutter. Dahin wollte sie die Bücher mitnehmen und sie der Schule, die die Mutter als Kind besucht hatte, schenken. Dies an der eigenen Schule zu tun, das hätte sie irgendwie komisch gefunden. Die Sache kommt zäh in Gang, dann aber teilen immer mehr junge Menschen den Hashtag in den sozialen Medien. Zeitungen und TV-Sender bekommen Wind von der Aktion, die elfjährige Dias wird zu den ersten Talkshows eingeladen. Die mediale Aufmerksamkeit hilft, das Ganze wird zum Selbstläufer - auch weil die Aktion bei Erwachsenen und Eltern sofort auf großen

Zuspruch stößt. Die bei anderen jungen Rebellinnen übliche Skepsis entfällt: Hier mischt sich kein kleines Mädchen in die große Politik ein, hier will keine Jugendliche über Dinge sprechen, die ihren Horizont übersteigen. Nein, Marleys Aktion kommt friedlich daher: Endlich einmal ruft ein Mädchen zum Lesen auf. Bildung zieht als Argument fast immer. Und Erwachsene lieben es, wenn Kinder lesen! Dieses Anliegen unterstützen sie sofort. «Ich hatte es da einfacher als jemand wie Greta Thunberg», erzählt Dias in einem Fernsehgespräch Anfang 2020. Dabei sei Greta ein schlaues Mädchen, das ihr Bestes gebe, um etwas Gutes zu tun. «Aber weil ihr Thema hochpolitisch ist, werden viele schnell aggressiv, übersäen sie mit Hass. Das passiert mir nur selten.»

Alle mögen Marley Dias und ihr Anliegen: Ellen DeGeneres holt sie in ihre Show und überreicht ihr einen Scheck über zehntausend Dollar; der Comedian und Moderator Larry Wilmore fordert seine Zuschauer auf, sie zu unterstützen; die damalige Präsidentengattin Michelle Obama lädt sie ins Weiße Haus zu einer Leseparty ein; sie organisiert eine Lesetour an Schulen und Kindergärten. Auf der «Black Girls Rock!»-Feier in New Jersey wird sie für ihre Kampagne mit einem «Making a Difference»-Preis ausgezeichnet und trifft Popstar Rihanna. Die Sängerin ermuntert sie ausdrücklich: «Mach weiter mit dem, was du tust, damit die Welt ein besserer Ort wird.»

Die Leseaktivistin erfährt Lob und Hochachtung von allen Seiten. In New York wird sie von der New York Women's Foundation ausgezeichnet und darf beim Global Fund for Women sprechen. Und wo immer sie auftritt, sind die Erwachsenen hingerissen, geflasht. «Sie ist unglaublich», heißt es überall. «Awesome». «Amazing». Dies hat auch mit der Form ihrer Präsentation zu tun, damit, wie ausgesprochen gewählt sie sich ausdrückt – genau wie Naomi Wadler übrigens –, anders, als es von Teenies gemeinhin erwartet wird. «Ich bemühe mich immer um eine differenzierte Ausdrucksweise», sagt Marley selbst, «dabei hilft es mir, dass ich so viel lese.» Mindestens ein Buch trägt sie stets mit sich in ihrer Handtasche; wenn sie länger unterwegs ist, auch mal drei. Nimmt sie einen Preis entgegen oder spricht sie auf einem Kongress, wirft sie sich in Schale. Schicker Hosenanzug ist das Mindeste; mal grauweiß gestreift mit pinker Krawatte, mal ganz in Dunkel mit weiß abgesetzten Nähten oder schwarzweißer Fliege; im weinroten Blazer mit weißer Blümchenbluse oder im grellgrünen Jumpsuit. Dazu ein auffälliges Brillengestell in diversen Ausführungen und Farben. Und eine perfekte Frisur, mal ausgefallene Rastalocken, mal streng zurückgekämmt oder hochgesteckt; mal Haar-Extensions bis zur Taille, mal wilder Afro-Bob. Sie will durch ihr modisches Auftreten demonstrieren, dass hier jemand sitzt, der selbstbewusst ist, der es wagt aufzufallen, der es liebt, im Mittelpunkt zu stehen.

Die Leidenschaft für Bücher musste sich Marley Dias nicht erst antrainieren, sie war immer eine ausgesprochene Leseratte. «Schon als ich noch ganz klein war, haben mir meine Eltern vermittelt, dass lesen etwas Wunderbares, Wichtiges ist.» Jeder, der zu ihnen zu Besuch kam, ob eine Nachbarin und der Onkel, musste sich mit Marley hinsetzen und ihr etwas vorlesen. Später las sie sich kreuz und quer durch die elterliche Bibliothek. In den ersten TV-Reportagen über sie ist das holzgetäfelte Kinderzimmer zu sehen, sie auf einem weißen Bett unter einer Dachschräge liegend, umgeben von Kissen und einem Stofftiertiger, Plastikblumen auf dem Tisch und lauter Büchern.

Nun weiß Marley Dias durchaus, dass viele in ihrem Alter Bücher eher aus der Ferne schätzen. Im Mittelpunkt steht das Smartphone, das den Rhythmus der Jugendlichen bestimmt. Statt sich Seite für Seite durch dicke Wälzer zu kämpfen, hängen viele lieber vor den Spielkonsolen, schauen YouTube-Videos oder rennen über den Sportplatz. Schuld sind aus Marleys Sicht häufig die Eltern: «Viele machen einen großen Fehler», sagt sie. «Sie gehen zu den Kindern und sagen: Hör auf, am Handy zu spielen, und lies ein Buch! Wenn sie etwas unterbrechen müssen, was ihnen Spaß macht, um gezwungenermaßen ein Buch zu lesen, dann empfinden sie das automatisch als Strafe.» Damit hat das Buch natürlich schon verloren. «Es ist dann negativ konnotiert», wie Dias sich ausdrückt. Eltern müssten mit den Kindern zusammen Bücher lesen, mit ihnen darüber diskutieren, ihnen Zeitungsartikel ausschneiden und zeigen: Schau mal, das Buch wurde verfilmt. Sollen wir den Film zusammen schauen? «Wenn Kinder merken, dass alles zusammengehört – Bücher, Filme, Hollywood-Stars und ihre Lebenswirklichkeit –, dann macht ihnen das Lesen Spaß.»

Marley Dias hat innerhalb von vier Jahren zwölftausend verschiedene Bücher mit schwarzen Heldinnen gesammelt und verschenkt. Die meisten Bücher kamen aus Amerika, aber es gingen bei ihr auch Päckchen von Mädchen aus Uganda, Japan und Australien ein. 2018, mit zwölf Jahren, hat sie ihr erstes eigenes Buch verfasst: «Marley Dias Gets It Done – And So Can You». Darin ermutigt sie andere Teenager, aktiv zu werden, herauszufinden, für welche Themen sie brennen und wie sie als Kinder – im Kleinen oder im Großen – helfen können, die Welt zu verbessern.

Ihr eigenes Ziel hat sie erreicht, darauf ist sie stolz. Ihre Schule hat die Leseempfehlungen geändert – aufgrund ihrer Kampagne; die Titel, die sie eingebracht hat, wurden in das Schulcurriculum aufgenommen. «Wenn wir Gleichberechtigung haben wollen, brauchen wir Diversität, auch in der Literatur», sagt Marley Dias. Der Klassiker «Where the Red Fern Grows» von Wilson Rawls zum Beispiel sei längst überholt von der Wirklichkeit. Ein Kinderroman aus dem Jahr 1961 über einen Jungen, der zwei Welpen bekommt, sie zu Jagdhunden ausbildet und Abenteuer mit ihnen erlebt. «Meine Großeltern können sich daran erinnern, wie das Buch herauskam.» Seitdem muss es jedes Schulkind lesen. Wieder und wieder.

Sie empfiehlt den Schulen stattdessen «Brown Girl Dreaming» von Jacqueline Woodson, einer mehrfach ausgezeichneten schwarzen Jugendbuchautorin. Diese erzählt darin in Versform die Geschichte ihrer eigenen Kindheit und gibt Einblicke in das Leben einer afroamerikanischen Familie in den 1960er und 1970er Jahren inmitten der Bürgerrechtsbewegung. Dias liebt das Buch und ist sehr stolz, die Autorin durch ihre Bücheraktionen persönlich kennengelernt zu haben. Zufälligerweise ist der Titel auch eines der beiden Bücher, die bei ihrer #1000BlackGirlsBooks-Kampagne als Allererstes in ihren Händen landeten.

LITTLE MISS FLINT STARTET IN MICHIGAN #WEDNESDAYSFORWATER

Im Leben der Bewohner von Flint, einer Stadt im amerikanischen Bundesstaat Michigan, gibt es einen Tag, der alles verändert hat. Es ist der 25. April 2014. Eine Handvoll Offizieller aus Politik und Verwaltung posiert lächelnd für ein Foto und stößt feierlich auf ihr großes Werk an: Von diesem Tag an soll die Stadt ihr Trinkwasser nicht mehr wie bisher aus Detroit bekommen, sondern direkt vom Flint River. Diesen vermeintlich großartigen Schritt feiert die damalige Bürgermeisterin mit einem großen Schluck vom neuen Leitungswasser: «Prost, auf Flint!»

Damit beginnt die Misere des Ortes: Denn das Wasser ist ungenießbar. Es enthält gesundheitsgefährdendes Blei und andere Chemikalien, die dort nicht hineingehören, sowie Bakterien, weil bei der Umstellung der Trinkwasserzufuhr schlampig gearbeitet wurde. An diesem Frühlingstag im Jahr 2014 ahnt davon noch niemand etwas. Es müssen erst über hundert Menschen ernsthaft erkranken und zwölf an den Folgen einer Legionellenvergiftung sterben, bis die Verantwortlichen endlich reagieren.

Der Skandal geht danach allerdings erst richtig los: Über Jahre hinweg haben die Bewohner von Flint kein Trinkwasser. Immer wieder versichern die Behörden, die Qualität des Wassers sei einwandfrei, was sie dann aber doch nicht ist. Alte Bleirohre werden ausgetauscht; es geht nur äußerst langsam vorwärts. Auch nach sechs Jahren ist die Erneuerung der Leitungen nicht abgeschlossen. Bis heute trauen die Menschen in Flint dem Leitungswasser nicht. Selbst zum Zähneputzen nehmen viele Wasser aus Flaschen. Und eine ganze Stadt fragt sich: Was wäre, wenn in der Kommune weniger Schwarze und arme Menschen leben würden? Hätte man sie dann auch über Jahre hinweg mit Plastikflaschen und Beschwichtigungen abgespeist? Oder hätte die hohe Politik dann mehr Geld in die Hand genommen, um den Missstand umgehend zu beheben?

Genau das argwöhnen die Bewohner von Flint. Der Verdacht ist nicht von der Hand zu weisen. Denn überall, wo über längere Zeit Probleme mit Trinkwasser auftreten – in den «reichen» USA, aber auch in Kanada oder Südamerika –, handelt es sich um Regionen, in denen überwiegend arme Menschen, Afroamerikaner, Latinos oder indigene Völker leben; in den meisten Fällen kommen beide Faktoren – Armut und ethnischer Hintergrund – zusammen. Und auch hier sind es junge Mädchen, die sich wehren, die lautstark für ihre Rechte kämpfen und von den Zuständigen fordern: «Kümmert euch!»

Wenn sich in Flint überhaupt irgendetwas zum Besseren wendet, dann verdankt die Stadt dies einem achtjährigen Mädchen. Amariyanna «Mari» Copeny, Jahrgang 2007, ist in der Stadt bekannt als lebhaftes, hilfsbereites Kind. Mit ihrer Großmutter teilt sie in den städtischen Einrichtungen Essen an Bedürftige aus, sie backt Cupcakes für die örtliche Polizei und bringt sie dort vorbei als Dankeschön für ihre Arbeit. Außerdem nimmt sie seit ihrem zweiten Geburtstag mit Begeisterung an Schönheitswettbewerben teil. Im Jahr 2015 gewinnt sie den «Little Miss Flint»-Titel – damit hat sie ihren Spitznamen weg.

An dem Tag, als ihre Eltern ihr verboten haben, zu Hause zu baden und Leitungswasser zu trinken, sei sie zur «Wasseraktivistin» geworden, sagt sie. «Sie wollte wissen, was man dagegen unternehmen kann», erzählt ihre Mutter, «und hat uns dann zu jedem Marsch, jeder Kundgebung, jeder Veranstaltung gegen die ‹Wasserkrise in Flint› gedrängt.» «Little Miss Flint» ist immer dabei, in rosa Kleidchen oder getigerten Leggings und Schleifen im Haar, die ihre schwarze Krause zu bändigen versuchen. Singend und tanzend ist das Mädchen zu sehen, am liebsten in der ersten Reihe. Dabei ist ihr Kampf eine ernste Sache. Vom ersten Tag an, als sie ihr Wasser aus dem Fluss beziehen, schwant den Bewohnern in Flint, dass damit etwas nicht stimmt: Es muffelt, es schmeckt nach Metall, und wer sich trotzdem damit wäscht, bekommt Hautausschlag. «Das ist nichts, was du trinken möchtest», sagt Mari Copeny in einem der vielen Interviews, die das Mädchen in den folgenden Jahren gibt. Die Hände der Mutter jucken nach jedem Spülen, sie bekommt rote Quaddeln davon, Maris Schwester hat üble Ausschläge am ganzen Körper. In anderen Familien treten ähnliche Symptome auf.

Nur seitens der Verantwortlichen will man von einem Wasserproblem nichts wissen. Die Bürger von Flint füllen die rostfarbene Brühe in Flaschen und bringen sie zum Beweis ins Rathaus, wo sie allerdings lange Zeit Wunderliches zu hören bekommen: «Mit dem Wasser ist alles in Ordnung», heißt es dort. Erst nach Monaten ergeben Untersuchungen des Trinkwassers, dass es mit Blei verseucht ist. Fortan erhalten die Bewohner kostenlos Wasser in Plastikflaschen, die sie sich an Sammelstellen abholen können. Darüber hinaus, so die Empfehlungen der Behörden, sollten sie nicht baden und nur kurz duschen. Bei den Copenys sind maximal sechzig Sekunden erlaubt. «Quick shower sprints» nennen die Kinder das. Zähneputzen, kochen – für all das verwenden sie Wasser aus Plastikflaschen.

Für die Behörden hat sich das Thema damit erst einmal erledigt. Nicht so für die Bewohner von Flint. Sie demonstrieren, schreiben Briefe nach Washington D.C. So lange, bis der Gouverneur von Michigan, Rick Snyder, zu einer Anhörung zur Krise in die US-Hauptstadt geladen wird. In Bussen fahren empörte Bürger aus Flint mit, um ihrem Anliegen mehr Gewicht zu verleihen. Und sie wollen hören, wie der Gouverneur, von dem sie sich allein gelassen fühlen, sich um die Frage herumwindet, warum Flints Bewohner kontaminiertes Wasser trinken sollen, das so stark mit Chlor versetzt wird, dass nagelneue Motorteile in einer nahen Autofabrik von General Motors rosten.

Mit dabei ist die kleine Mari Copeny, die an diesem Tag jedoch ein bisschen enttäuscht ist: Kurz vor der Fahrt nach Washington hatte sie an Präsident Barack Obama geschrieben und ihn um ein Treffen gebeten. In etwas verkürzter Form heißt es im Brief: «Ich bin Mari Copeny, in Flint besser bekannt als Little Miss Flint. Ich gebe mein Bestes, um den Kindern von Flint auf Protestmärschen eine Stimme zu verleihen. Am Donnerstag fahre ich mit einem der Busse nach Washington zu der Anhörung von Gouverneur Rick Snyder. Ich würde mich sehr freuen, Sie oder Ihre Frau dort zu treffen. Meine Mama hat gesagt, dass Sie wahrscheinlich mit wichtigeren Dingen beschäftigt sind, aber es fahren wirklich sehr viele Menschen aus Flint mit, und ein Treffen mit Ihnen oder Ihrer Frau würde sie wirklich aufmuntern. Danke, Mari Copeny.»

Die Mutter hatte sie zwar vor allzu großen Hoffnungen gewarnt, aber etwas traurig ist die Achtjährige dann doch, als der große Tag ohne eine Nachricht vom Präsidenten verstreicht. Einige Zeit später aber erhält sie doch noch einen Brief, von Barack Obama persönlich. Mehr noch: Sein Stab aus dem Weißen Haus ruft bei den Copenys an und bittet um ein Treffen mit Mari. Obama schreibt ihr: «Ich möchte, dass du die Erste bist, die erfährt, dass ich am 4. Mai nach Flint komme. Genau wie du setze ich meine Stimme ein, um für Veränderungen zu kämpfen und um deiner Gemeinde zu helfen ... Ich hoffe, wir sehen uns nächste Woche. Herzliche Grüße, Barack Obama.»

Der Präsident hält sein Versprechen, er kümmert sich um

das Wasser in Flint. Am 4. Mai 2016 rauscht er mit seiner Entourage in die Stadt. Nach seiner Rede in einer Schulsporthalle ruft er Mari zu sich auf die Bühne. Die Achtjährige mit einer lila Schleife in den schwarzen Locken und ihrer «Little Miss Flint»-Siegerschärpe fliegt ihm in die Arme. «Sie wollte mich in Washington treffen», erklärt er den Zuhörern. «Aber ich dachte, es sollte nicht notwendig sein, dass ein kleines Mädchen nach Washington fahren muss, um Gehör zu finden. Der Präsident sollte zu ihr kommen. Deshalb bin ich in Flint.»

Die – für Obama äußerst werbewirksamen – Bilder rühren die ganze Nation. Mari Copeny schafft es in jede Zeitung, von der «Los Angeles Times» bis zur «New York Times», dazu in etliche TV-Sendungen. Die sozialen Medien tun ihr Übriges, um das Bild von Obama und ihr zu verbreiten. Little Miss Flint ist plötzlich das Gesicht einer Kampagne für sauberes Trinkwasser und gegen die Benachteiligung schwarzer Kommunen – sie steht für «black women power». Jeder Amerikaner, der die Nachrichten verfolgt, weiß Bescheid über die «Wasserkrise in Flint». Auch in Kanada und anderen Ländern macht die gebeutelte Stadt Schlagzeilen. Erstmals hat Flint eine Stimme, die wahrgenommen wird. Sie gehört einer achtjährigen Schwarzen. Die afroamerikanische Bevölkerung stellt die Mehrheit in der armen Stadt. 40 Prozent der Bewohner leben hier heute unter dem Mindesteinkommen. Dabei hat Flint früher deutlich bessere Tage gesehen. Mitte des vorigen Jahrhunderts mauserte sich die Stadt zu einer prosperierenden Gemeinde, getragen von einer soliden Mittelschicht aus Arbeitern und Angestellten, die in den Fabriken von General Motors gutbezahlte, sichere Arbeitsplätze fanden.

Das Glück währte, solange es der amerikanischen Autoindustrie gutging. Als diese abwärtstaumelte, verloren Hunderttausende ihre Jobs. Detroit erlebt einen traurigen Niedergang, Flint ebenso. Wer es sich leisten konnte, zog weg, in Regionen mit besseren Chancen und attraktiveren Arbeitsplätzen. Wer blieb, hatte zu kämpfen. Mit der Arbeitslosigkeit, der wachsenden Kriminalität. Viele Häuser stehen leer, fallen dem Vandalismus zum Opfer oder werden besetzt. Die Bevölkerung halbiert sich innerhalb von zwanzig Jahren auf unter hunderttausend. Um die Finanzen Flints steht es so katastrophal, dass der Bundesstaat die Stadt unter seine Kontrolle stellt und ein Notfallkommando entsendet, das schauen soll, wo im Haushaltsetat gespart werden kann. Ein Posten, auf den die Manager bald stoßen, ist die Trinkwasserversorgung. Das Wasser vom Flint River ist viel billiger als das bisher bezogene vom Lake Huron und dem Detroit River. Die niedrigeren Kosten sind der Grund für den verhängnisvollen Wechsel der Trinkwasserquelle.

«Das war der Punkt, der das Fass zum Überlaufen brachte», sagt der Politiker Dan Kildee von der Demokratischen Partei, der den Bundesstaat Michigan im US-Repräsentantenhaus vertritt. Am Trinkwasser entlädt sich in der Folge die ganze Wut der Bürger, die seit Jahrzehnten hilflos zusehen müssen, wie ihre Viertel herunterkommen.

Barack Obama, ausgestattet mit einem feinen Gespür für Symbolik, sagt in seiner emotionalen Rede vor tausend Menschen aus Flint, dass die Sache mit dem Wasser eine Tragödie sei, die «nie hätte passieren dürfen». Und weiter: «Es reicht nicht, die Wasserleitungen zu reparieren. Wir müssen die Kultur der Vernachlässigung beenden.» Damit trifft er einen wunden Punkt. Genau so fühlen sich die Bewohner, als Opfer einer «culture of neglect». Vergessen und vernachlässigt.

Ein paar Monate später genehmigt Obama hundert Millionen Dollar Staatsgelder, um die Leitungen in Flint auszutauschen. «Nach dem Treffen mit ihm wusste ich, dass Kinder die Welt verändern können», sagt Mari Copeny. Für sie ist dieser Moment der Beginn ihrer Laufbahn als Aktivistin. Natürlich wird sie von vielen Erwachsenen belächelt, wenn sie sich als solche bezeichnet, aber sie meint es ernst – damals und heute. Wer sie kennt, weiß das. Eine Stadtratskandidatin, die Copeny von klein auf kennt, meint: «Es ist etwas Besonderes, wenn man ein Kind sieht, das aufsteht und sich für etwas einsetzt. Man spürt das sofort, wenn es mit dem Herzen dabei ist. Das ergreift einen, das zieht einen mit. Mari ist mit dem ganzen Herzen dabei.» Und sie macht immer weiter. Mit ihren zarten dreizehn Jahren hat sie schon mehr erreicht als manch anderer am Ende eines langen Lebens.

Seit April 2014 kämpft sie nun in Flint für sauberes Trinkwasser. Im April 2018, vier Jahre nach dem Beginn der Krise, beendet Gouverneur Snyder die kostenlose Versorgung der Bewohner, weil die Wasserqualität nun «insgesamt besser» sei. Zu diesem Zeitpunkt war allerdings nur ein kleiner Teil der Bleirohre ausgetauscht worden. Die Empörung in Flint ist riesig. Die meisten Bewohner aber sind nach der langen Zeit ohne Trinkwasser zu zermürbt, um noch einmal auf die Barrikaden zu gehen. Und so schreiten die notwendigen Erneuerungen der Rohre nur sehr langsam voran.

Als im Frühling 2020 das Covid-19-Virus ausbricht und die Pandemie die Arbeiten an den Wasserrohren erneut zum Erliegen bringt, sind erst etwa 85 Prozent der Leitungen ausgetauscht. Die Behörden versichern den Bürgern zwar, die Qualität des Wassers sei längst einwandfrei. Doch das glauben die Bewohner erst, wenn die Erneuerung abgeschlossen ist. Vielleicht nicht einmal dann. Das Misstrauen sitzt tief. Die Enttäuschung auch. Kein Wunder: Die staatliche Unterstützung wurde, kaum war die mediale Aufregung um Flint aus dem nationalen Bewusstsein verflogen, schnell wieder eingestellt. Unter den Bewohnern macht sich das Gefühl breit, sowieso nichts ändern zu können. Nicht so bei Mari Copeny. Sie zählt von Anfang an die Tage, die seit dem Wechsel der Frischwasserquelle vergangen sind, und postet regelmäßig ein Selfie mit einem Schild vor sich, das die Tage ohne Trinkwasser für Flint angibt. Anfangs sitzt dort ein kleines, lustiges Mädchen mit bunten Schleifen im Haar, nach und nach ist auf den Fotos zu sehen, wie ein nachdenklicher Teenager heranwächst.

Wo der Staat versagt, springt Mari Copeny ein. Zwei Monate nach dem Ende der staatlichen Hilfslieferungen im Jahr 2018 steht die zu dem Zeitpunkt Zehnjährige auf einem sonnigen Parkplatz und verteilt kistenweise Wasser an die Bewohner von Flint. Die Bürger fahren mit dem Wagen vor, holen sich ein Pack bei Mari und ihren kleinen Helferinnen ab. Gemeinsam mit ihrer Mutter hatte sie zu einer Spendenaktion für Flint aufgerufen, 280 000 Dollar kamen so zusammen. Das reicht, um mehr als eine Million Wasserflaschen an bedürftige Familien zu verteilen.

Dieser Erfolg ermutigt Mari Copeny. Insgesamt sammelt sie innerhalb von zwei, drei Jahren Spenden in Höhe von über einer halben Million Dollar ein. Das Geld hilft den Kindern von Flint, wo Bedarf besteht: Mit der Non-Profit-Organisation «Pack Your Backs» besorgt sie 17 000 Schulranzen und -utensilien, die sie zum Schuljahresbeginn verteilt. Zudem karren sie 550 Kinderfahrräder und Tausende von Büchern heran. Copeny startet eine Anti-Mobbing-Kampagne, organisiert eine große Ostereiersuche und mietet für 800 schwarze Kinder ein Kino, damit sie «Black Panther» gucken können, einen Film, in dem ein schwarzer Junge die Hauptrolle spielt. «Es ist wichtig, dass sie solche Filme sehen, damit sie wissen, dass auch ein schwarzes Kind ein Held sein kann. Meist sind es ja weiße Supermänner.»

Die Aktivistin hat ihr Feld längst erweitert, nachdem sie erkannt hatte: «It's not just about water.» Es geht nicht nur um Wasser, es geht um eine Kultur der Vernachlässigung, wie Barack Obama es genannt hatte. In Anlehnung an die «Black Lives Matter»-Bewegung, die zur selben Zeit entsteht, geht Mari in T-Shirts mit der Aufschrift «Flint Lives Matter» auf die Straße. Flint steht für ein Dilemma, in dem ganz Amerika steckt.

Sie sei «eine Inspiration für andere», das hört die Wasserrebellin immer wieder. Wildfremde Menschen, Jugendliche wie Erwachsene, Schwarze wie Weiße, bedanken sich bei ihr. Vor Lob, Ehre und Auszeichnungen kann sie sich kaum retten: Sie wird als jüngste Jugendbotschafterin zum «Women's March» eingeladen, zeigt sich als Nationale Jugendbotschafterin beim Klimamarsch und vertritt ebenso die Frauenrechtsorganisation «Equality for Her». Damit nicht genug: Sie hat auf dem Klimamarsch vor dem Weißen Haus gesprochen, beim «Science March» in Washington D.C. und bei der «Girl Up Leadership»-Konferenz der Vereinten Nationen.

«Oft vergisst man, dass dieses Mädchen erst zwölf Jahre alt ist», ist 2020 in einem Porträt über sie zu lesen. An diese Tatsache wird man erst wieder erinnert, wenn sie erzählt, dass sie für ihr Leben gern malt, Filme schaut und Comics liest. Dass sie mehrmals die Woche zum Turnen geht und Flickflacks übt. In der Schule mag sie vor allem Biologie und

Chemie, später möchte sie «etwas mit Naturwissenschaften» machen.

Plastikflaschen mit Trinkwasser verteilt sie heute nicht mehr; daran hindert sie ihr Umweltbewusstsein, seit sie von Greta Thunbergs Klimastreik, vom globalen Müllproblem, von Erderwärmung und der Plastikkatastrophe in den Meeren gehört hat. Mari Copeny hat eine umweltfreundlichere Alternative gefunden. Seit 2019 kooperiert sie mit der Washingtoner Firma Hydroviv, deren Filter in den Haushalten dreckiges, bleibelastetes Wasser reinigen. Innerhalb von einem Jahr sind auf der Fundraising-Plattform GoFundMe.com 230 000 Dollar für ihren «Little Miss Flint Clean Water Fund» zusammengekommen. Mit dem Geld lässt Copeny die Filter in Flint, aber auch in anderen Kommunen mit schlechtem Trinkwasser verteilen. Schließlich ist ihre Heimatstadt bei weitem nicht die einzige mit einem ernsten Wasserproblem. Deshalb hat sie #WednesdaysForWater ins Leben gerufen. Jeden Mittwoch demonstriert sie für eine andere Kommune: In der Zeit der Pandemie saß sie zu Hause und hielt – im Stile Gretas – ein Schild für Newark, New Jersey, East Chicago und Pittsburgh hoch. Mehr als vierhundert – weitgehend arme und schwarze – Kommunen in ganz Amerika leiden unter miserablem Wasser, und wie grässlich sind erst die Zustände in Staaten mit weit weniger Wohlstand! In afrikanischen Ländern wie Ghana, wo 60 Prozent der Bevölkerung keinen Zugang zu sauberem Wasser haben, wie Mari klagt. Das sind mehr als sechs Millionen Menschen. Die meisten haben kein fließendes Wasser zu Hause, müssen drei Kilometer und mehr laufen, um sich zu versorgen. Am 3. Oktober 2019 widmete Copeny ihren Protest deshalb den Menschen in Ghana.

Was sie selbst von all dem Engagement hat? Natürlich das

Erfolgsgefühl, die Anerkennung, die Aufmerksamkeit. Sie ist heute prominent, «Little Miss Flint» kennt jeder. Sie darf auf Kongressen sprechen, wird zu Talkshows eingeladen, erhält Unterstützung von anderen Prominenten und kennt die Enkelin von Martin Luther King, Yolanda Renee King, die noch etwas jünger ist als sie selbst, persönlich. Auf Twitter hat sie 130 000 Follower, mehr noch folgen ihr auf Instagram. Anfang Juni 2020 skypt sie mit Lili Reinhart, einer der Hauptdarstellerinnen der Netflix-Serie «Riverdale», die sie einlädt, sie am Set zu besuchen. Miss Flint ist sprachlos – sie ist ein paar Tage zuvor dreizehn geworden. Da ist sie dann wieder ganz der nervöse Teenie, der vor einem Hollywood-Star den Mund nicht aufbekommt.

Zudem verhilft ihr ihr überbordendes soziales Engagement zu einem Stipendium. Bei einem Besuch der Central Michigan University Ende 2017 überrascht sie der Präsident der Universität, George Ross, mit der Ankündigung: Wenn Maris Noten passen, erhält sie später ein Stipendium über 25 000 Dollar. Als Begründung schreibt George Ross ihr: «Mari, deine Leistungen dienen als Musterbeispiel für Führung – für unsere gesamte Universität, diesen Staat, die Nation und darüber hinaus. Vielen Dank, dass du der Welt deinen Stempel aufdrückst.»

Und schließlich bereitet die Zeit als Aktivistin Mari Copeny auf ihre Zukunft vor. Sie lernt wahnsinnig viel über Wasser, Politik, Marketing, Fundraising und Logistik, über Menschen, ihre Psyche und ihre Sorgen. Das alles kann später einmal sehr hilfreich sein. Denn sie hat sich hohe Ziele für das Jahr 2044 gesteckt. Dann nämlich will sie die erste schwarze Präsidentin der Vereinigten Staaten von Amerika werden. Ihr Versprechen an die Wähler: «Jeder Amerikaner kann dann sauberes Leitungswasser trinken.»

Vorerst allerdings muss sie die Erwachsenen davon überzeugen, dass sie es ernst meint mit ihren Ambitionen, «dass ich nicht nur ein süßes Mädchen bin, das mal kurz auf die Bühne darf und dann schnell wieder abtreten und mit ihren Puppen spielen soll». Die meisten merken allerdings ziemlich schnell, dass Little Miss Flint nicht schweigen will. Ihr großes Vorbild ist und bleibt Barack Obama. «Er war einst ein schwarzes Kind mit einem Traum. Und er hat es geschafft, also kann ich das auch.» Damit sie ihren Traum nicht aus den Augen verliert, hängt ein «Mari - 2044»-Schriftzug groß in ihrem Kinderzimmer an der Wand. Hier schläft die künftige Präsidentin.

DIE WASSERBEAUFTRAGTE DER FIRST NATIONS FORDERT DEN KANADISCHEN PREMIER HERAUS

Größere Träume als Little Miss Flint kann man nicht haben: Mehr als Präsidentin geht nicht. Die Kanadierin Autumn Peltier hat sich ebenfalls dieses Ziel gesetzt, allerdings in Kanada, ihrer Heimat. Einen offiziellen Titel hat sie heute schon vorzuweisen: Im April 2019 wurde sie, damals gerade vierzehn Jahre alt, mit Pauken und Trompeten zur offiziellen Wasserbeauftragten der Anishinaabe ernannt, eines der größten Indianervölker Nordamerikas, zu dem verschiedene Stämme gehören. Amt und Ehren des «Chief Water Commissioner» hat sie von ihrer Großtante Josephine Mandamin übernommen, nachdem diese gestorben war. Noch nie zuvor hatte ein so junges Stammesmitglied den verantwortungsvollen Posten inne. Seither hat ihre Stimme Gewicht.

Autumn Peltier, 2004 geboren, gehört zum Stamm der Wikwemikong und ist am Lake Huron aufgewachsen, ebenjenem See, aus dem die US-Stadt Flint ihr Trinkwasser bezog, in jenen Jahren, als die Welt dort noch in Ordnung und das Wasser einwandfrei war. Der Lake Huron gehört zu den Great Lakes und stellt eines der größten Frischwasserreservoirs der Welt dar. Die in der Region lebenden Wikwemikong sind ein sehr stolzer, relativ wohlhabender Stamm, der die Traditionen der Vorfahren hochhält und sie den Kindern zu vermitteln versucht. Ohne ihr Einverständnis kann die kanadische Regierung keine politischen Entscheidungen treffen, die das Land oder die Wasserrechte der First Nations, der indigenen Völker Kanadas, berühren. Als Wasserbeauftragte hat Peltier beratende Funktion für den Rat der Anishinaabe und sitzt nun bei den Großen mit am Tisch.

Wasser hat bei den First Nations eine hohe, geradezu heilige Bedeutung. «Wasser lebt», sagt Autumn Peltier. Es habe eine Seele, ganz wie die Mutter Erde. Ihre Großtante habe sie früh gelehrt, dass auch der Mensch leide, sobald das Wasser krank sei: «Niemand kann ohne frisches Wasser überleben.» Pflicht jeder Generation ist es daher, Wasser und die Erde gleichermaßen zu pflegen und für die Nachkommen zu bewahren. «Wir behandeln Wasser wie einen Menschen», sagt Autumn Peltier.

Als sie acht Jahre alt ist, nimmt ihre Großtante sie mit zu den Wasserzeremonien in den verschiedenen First-Nations-Reservaten. Von ihr lernt sie alles über das heilige Wasser und seine Bedeutung. Ihr oberstes Ziel ist es, dass alle Kanadier - vor allem aber die First Nations - freien Zugang zu sauberem Wasser haben. Das nämlich ist für die im Land lebenden indigenen Völker noch weniger selbstverständlich als für manche Kommune in den USA.

Peltier erfährt von den Missständen, als sie mit acht Jahren einen Familienausflug in ein anderes Reservat in Ontario, ins Serpent River Reservation, macht und dort die Toilette benutzen will. «No Drinking Water!» steht dort überall groß als Warnung an der Tür. «Do not touch!» Kein Trinkwasser? Nicht einmal die Hände soll man sich mit dem Leitungswasser waschen? Die Grundschülerin ist entsetzt. Von der Mutter erfährt sie, dass diese Zustände in dem Reservat schon seit zehn Jahren herrschen. «Die Bewohner dort müssen jeden einzelnen Schluck abkochen oder Wasserflaschen kaufen.»

Peltiers Interesse ist geweckt, sie will mehr darüber wissen, beginnt, sich zu informieren. Was sie im Internet, in Büchern und Zeitungsartikeln findet, schockiert sie noch mehr. Denn das Reservat, das sie besucht hatte, ist kein Einzelfall. Viele First-Nations-Kommunen in Ontario verfügen über kein sauberes Wasser und müssen sich über Jahre oder gar Jahrzehnte hinweg mit Aufbereitungsanlagen behelfen.

Autumn Peltier kann nicht verstehen, warum das so ist, und vor allem will sie nicht akzeptieren, dass dies nur ihre indigenen Landsleute betrifft. «Das erschien mir nicht fair und richtig.» Kanada, so viel ist der Schülerin bewusst, ist kein Dritte-Welt-Land, sondern einer der wohlhabendsten Staaten der Erde. Niemand dort sollte unter solchen Bedingungen leben, dass er zehn Jahre lang kein Trinkwasser hat. «Das kann nicht sein.» Sie liest vom Kampf ums Wasser in der Dritten Welt, den damit verbundenen Konflikten und Kriegen. Sie hört auch von der Stadt Flint in den USA und ihrer Wasserkrise. Und von mindestens hundert kanadischen

Indianerkommunen, die permanent ohne fließendes Wasser auskommen müssen. «Da verstand ich meine Großtante.»

Seither ist sauberes Wasser ihr Thema, nicht zu trennen vom Kampf um die Rechte der indigenen Völker. Anfangs spricht sie vor Schülern und auf lokalen Veranstaltungen. Schnell wird sie zur begehrten Rednerin. Eine junge, eloquente Frau in Indianertracht, mit Federn im Haar und als Ohrschmuck – das garantiert Aufmerksamkeit.

Auf einem Treffen der Assembly of First Nations, der Organisation der Indianervölker Kanadas, im Jahr 2016 nutzt sie die Anwesenheit des kanadischen Premierministers Justin Trudeau, um ihn wegen seiner Wasserpolitik zurechtzuweisen, da ist sie dreizehn Jahre alt. Sie darf ihm eine zeremonielle Wasserschale aus Kupfer als Geschenk überreichen, eine symbolische Geste der Indianer, um zu zeigen, dass Trudeau als Staatschef die Verantwortung für das Wasser in Kanada trägt. Der Staatsmann beugt sich zu dem Mädchen herab, als sie ihm die Schale übergibt. Sie ist schwer herausgeputzt, trägt die traditionelle Kleidung ihres Stammes und lange, mit bunten Bändern geschmückte Zöpfe. Besondere Ehrfurcht vor dem Politiker hat sie keine; statt zu erstarren, erhebt sie ihre helle Stimme, als sie ihm gegenübersteht, und sagt mit Tränen in den Augen: «Ich bin sehr unglücklich mit den Entscheidungen, die Sie getroffen haben.» Damit meint sie vor allem den Bau verschiedener Ölpipelines, die die kanadische Regierung gegen den Willen der indigenen Stämme genehmigt hatte, obwohl diese befürchten, dass dadurch die Natur Schaden nimmt und sich ihre Lebensbedingungen weiter verschlechtern.

Trudeau entgegnet, dass er wisse, was sie meine. Und er verspricht dem Mädchen, sich um das Wasser zu kümmern: «I will protect the water.» Ihre mutige Intervention, vielfach zitiert und aufgegriffen, führt schließlich dazu, dass ein Fonds zum Schutz des Wassers eingerichtet wird.

Trudeau hatte vor seiner Wahl zum Premierminister angekündigt, allen sechsundfünfzig Gemeinden, die noch auf Wasseraufbereitungsanlagen angewiesen sind, bis März 2021 Zugang zu fließendem Wasser zu verschaffen. Peltier erkennt durchaus an, dass die Regierung sich bemüht. Nur geht es ihr viel zu langsam.

Abschreckendes Beispiel ist Neskantaga, eine Siedlung mit dreihundert Bewohnern, vierhundertfünfzig Kilometer nordöstlich der Thunder Bay in Ontario gelegen. Die Gemeinde lebt seit fünfundzwanzig Jahren ohne sauberes Leitungswasser und ist zum Symbol der First-Nations-Problematik geworden. Drei-, viermal pro Woche müssen die Bewohner zur kommunalen Osmoseanlage laufen, um sich dort zwei, drei Kanister Wasser abzufüllen. Spätestens 2018 sollte ein funktionierendes Leitungssystem fertiggestellt sein, 8,8 Millionen Dollar hatte die kanadische Regierung dafür versprochen. Das Jahr 2019 verstrich, ohne dass sich die Dinge verbessert hatten, zwischendurch bricht die Wasserversorgung sogar komplett zusammen. «Eine ganze Generation ist dort aufgewachsen, ohne sauberes Wasser zum Trinken, Duschen oder auch nur Händewaschen», klagt Peltier. Das sei «nicht hinnehmbar». «Wasser ist ein Grundrecht für alle Menschen.» Wo immer sie eine Bühne betritt, wiederholt sie ihre Forderung an Trudeau: «Ich werde Sie dafür verantwortlich machen, wenn Sie Ihr Versprechen, das Sie uns gegeben haben, brechen - sauberes Wasser für alle bis 2021!»

Längst spricht sie nicht mehr nur auf lokalen Veranstaltungen. Peltier ist auch international eine anerkannte Rednerin. 2019 wird sie für den Young People's Peace Prize nominiert und reist zur Children's Climate Conference nach Schweden. Sie schafft es als «Science Defender 2019» auf die Liste der Union of Concerned Scientists, auf der normalerweise nur Wissenschaftler für ihre Forschung unter anderem zum Umweltschutz geehrt werden. Die «Huffington Post» zählt sie neben Céline Dion, Margaret Atwood, Bianca Andreescu und Keanu Reeves zu den «15 Kanadiern, die 2019 unser Herz erobert haben». Die Teenagerin spricht mehrfach vor Vertretern der Vereinten Nationen und Entscheidungsträgern aus der ganzen Welt, vor der Weltbank und nicht zuletzt 2020 auf dem Davoser Weltwirtschaftsgipfel, wo sie mit Greta Thunberg zusammentrifft. Ihre erste Rede vor den Vereinten Nationen in New York im März 2018, am internationalen Tag des Wassers, beeindruckte viele der anwesenden Regierungsvertreter. «Wir können Geld nicht essen und Öl nicht trinken», sagt die Dreizehnjährige dort. Und fordert die Länder auf: «Warrior up for water!» Hört auf mit der Verschmutzung der Meere, Flüsse und Seen! Seither ist sie nicht nur die «Wasserbeschützerin», sondern auch die «Wasserkriegerin». Eine Star-Aktivistin, der in den sozialen Medien Hunderttausende folgen, darunter viele Jugendliche. Dies nutzt sie für ihren Kampf für die Rechte der indigenen Völker; sie sieht sich als Behüterin der Erde und des Wassers. «Wasser ist das alles verbindende Element, von dem alles andere abhängt.» Wo sie herkommt, von den Great Lakes, sind die Menschen umgeben vom besten Wasser der Welt. «Aber auch dort nehmen Verunreinigungen und Verschmutzung in bedrohlichem Ausmaß zu.» Autumn Peltier will das überlieferte Wissen der Anishinaabe, wie das Wasser zu bewahren ist, weitergeben an ihre Landsleute, an die kanadische Politik, an die Welt. Das ist ihre – lebenslange – Aufgabe als Chief Water Commissioner.

Am Sterbebett der Großtante hatte sie gelobt, das Amt in deren Sinne weiterzuführen, damit war der hohe Anspruch gesteckt: Josephine Mandamin, eine geachtete Persönlichkeit, hat die «Mother Earth Water Walks» ins Leben gerufen. Mehrfach hat sie mit anderen Frauen, begleitet von Schulkindern und anderen Aktivisten, die fünf Great Lakes zu Fuß umrundet, um auf die Bedeutung des Wassers aufmerksam zu machen. Siebzehntausend Kilometer ist sie an den Ufern der Seen entlanggewandert. Autumn Peltier wusste immer, dass sie einmal in die Fußstapfen der Großtante treten will. «Nur nicht, dass dieser Tag so schnell kommen würde.» Als die Großtante 2019 stirbt, gibt sie ihrer Nachfolgerin als letzte Worte mit auf den Weg: «Hör nie auf mit der Arbeit, lass dich von nichts und niemandem stoppen. Mach einfach immer weiter.»

Die Covid-19-Krise 2020 stoppt die Schülerin dann doch vorübergehend. Zumindest zwingt sie das Mädchen, das mittlerweile in Ottawa lebt und dort zur Highschool geht, zu einer Verschnaufpause. Vorher war sie ständig unterwegs, fuhr von Konferenz zu Konferenz. Endlich hat sie Zeit, etwas normale Kindheit und Jugend nachzuholen, mit den Haustieren zu spielen, traditionelle Handarbeiten herzustellen, die sie mit Freundinnen verkauft, um Geld für Kommunen ohne Wasser zu sammeln. Ihre Mutter ist froh, dass die Tochter etwas zur Ruhe kommt und für die Schule lernen kann. Andererseits sagt sie: «Die Erfahrungen, die sie macht, wenn sie mit Ministern und Entscheidern aus aller Welt diskutiert, ist eine Lehre für sich.» Eine Lehre fürs Leben.

Später, das weiß Autumn Peltier schon jetzt, will sie auf eine Universität und Jura studieren. «Und dann will ich Menschenrechtsanwältin werden, Umweltministerin oder Premierministerin.» Dass sie das Zeug zu einer Führungspersönlichkeit hat, ist unbestritten. Das haben ihr schon viele attestiert. «Das ist meine Tochter», sagt die Mutter im Sommer 2020 stolz. «Erst fünfzehn und bereits Anführerin.» Chief Water Warrior.

HELENA GUALINGA LEGT SICH AM AMAZONAS MIT DER ÖLINDUSTRIE AN

Helena Gualinga hat mächtige Gegner. Die Stammesangehörige der Kichwa tritt gegen niemanden Geringeres an als gegen die Ölindustrie, die ecuadorianische Regierung und den Klimawandel. Noch weiß die Ökokämpferin nicht, welcher von den dreien der schlimmste Widersacher ist und ob einer von ihnen ihren Stamm eines Tages in die Knie zwingen wird. Nur eines wurde der jungen Rebellin von Geburt an vermittelt: Alle drei bedrohen ihr Leben und das ihres Dorfes Sarayaku. Und: Wer sich nicht wehrt, verliert seine Heimat.

Der Kampf der Ureinwohner in Lateinamerika gegen die Ölindustrie dauert schon lange an. Bereits seit Ende der 1980er Jahre trachten internationale Förderkonzerne danach, das schwarze Gold in den Regenwäldern zu heben. Etwa achthundert Indianervölker leben in den unberührten Regionen des Amazonas, darunter lagern Hunderte Millionen Barrel Erdöl. Das weckt Begehrlichkeiten. Regierungen kassieren viel Geld für die Lizenzen zur Erdölförderung; in Ecuador sind sie einer der wichtigsten Posten im Haushaltetat. Die Staatsführung und die Industrie versprechen der indigenen Bevölkerung wirtschaftlichen Aufschwung, neue Arbeitsplätze und eine bessere Infrastruktur, wenn sie den Firmen den Zutritt zu ihrem Land gestatten. In vielen Fällen läuft es wie im Dorf Sarayaku: Das Land gehört den Ureinwohnern, die Bodenschätze darunter dem Staat. Der muss die Einwilligung der Indigenen einholen, will er eine Konzession vergeben. Eine vertrackte Konstellation. Viele Stämme haben sich irgendwann auf einen Deal mit Industrie und Regierung eingelassen. Einige aber, so wie Gualingas Gemeinde, leisten erbitterten Widerstand gegen die Ölfirmen, die auf der Suche nach neuen sprudelnden Ölquellen ohne Erlaubnis in ihr Territorium eindringen. Sarayaku hat so lange gegen die Verstöße geklagt, bis der Fall schließlich vor dem Interamerikanischen Gerichtshof für Menschenrechte in Costa Rica landete. Und dort bekamen sie tatsächlich Recht. So erregte das Dorf international Aufmerksamkeit. Presseteams aus allen Teilen der Welt, von der «New York Times» bis zum britischen «Guardian», reisten in die abgelegene Gegend mitten im Regenwald und berichteten über das Indiodorf, das sich wehrt – über die «Verteidiger des Regenwalds» («Frankfurter Rundschau»), «das gallische Dorf Ecuadors» («Deutschlandfunk»), das die «Millionäre im Dschungel» («Neue Zürcher Zeitung») zurückschlägt und sich «Auf dem Kriegspfad gegen das Öl» befindet («Die Zeit»).

Helena Gualinga ist die jüngste Sprecherin des Dorfes. Ende 2019 hat die damals Siebzehnjährige mit Vertretern anderer indigener Völker den Klimagipfel der Vereinten Nationen in Madrid aufgemischt. In farbenprächtiger Stammestracht, viele mit üppigem Haarschmuck auf dem Kopf, setzten sie gezielt einen Kontrapunkt zu den uniformierten Anzugträgern und klagten die Staatengemeinschaft an. «Ich bin enttäuscht von den Regierungschefs», sagte Gualinga in ihrer kurzen Rede. «Ich bin enttäuscht, dass wir den ganzen weiten Weg hierhergekommen sind und nun trotzdem nicht über die Themen geredet wird, die für uns von Bedeutung sind.» In fließendem Englisch beschrieb die Schülerin, was die Ölindustrie in ihrer Heimat anrichtet: «Sie kommen in unser Territorium. Sie vergiften unser Wasser. Sie vergiften unsere Luft und unser Land. Und sie zerstören die Umwelt.» Ihr Fazit: «Das ist kriminell.» Seither schreibt die Presse gerne über sie als «die Greta des Amazonas».

Helena Gualinga ist in zwei Welten zu Hause, die unterschiedlicher nicht sein könnten. Einen Teil ihrer Kindheit verbringt sie in Finnland, wo ihr Vater an der Universität in Turku lehrt, einem Ballungszentrum am Schärenmeer. Hier geht sie zur Schule, hier leben ihre Freunde. Hier lernt sie westlichen Wohlstand und Lifestyle kennen. Daneben aber wächst sie auch in Sarayaku auf, mitten im Dschungel. Keine einzige Straße führt in das abgelegene Dorf. Bis heute ist Sarayaku nur per Boot erreichbar. Oder, in Ausnahmefällen, mit einem kleinen Privatflieger.

Zwischen der Hauptstadt Quito und der Gemeinde liegt, wie ein Reporter des «Deutschlandfunks» bei einem Besuch feststellt, eine halbe Weltreise: zunächst sechs Stunden Busfahrt bis nach Canelos, in denen man drei verschiedene Klimazonen durchquert. Es folgt eine drei- bis vierstündige Kanutour auf dem Río Bobonaza. Das Dorf liegt auf einem kleinen Plateau oberhalb des Flusses. Ein paar Hütten, ein Missionshaus, ein Versammlungssaal und die Kirche der Gemeinde. Das Zentrum bildet ein sandiger Dorfplatz. Dazu ein Fußballplatz und die Landebahn. Es gibt einen Arzt, eine Schule und einen Fußballtrainer. Das war's.

Helenas Eltern lernen sich hier kennen, als ihr Vater Andres Sirén, ein Geologieprofessor, zu Forschungszwecken in die Region kommt. Die Mutter, Noemí Gualinga, ist die Vorsitzende der Kichwa Women's Association. Auch sie kämpft gegen die Ölindustrie, genau wie Helenas Tante Patricia, ihre größere Schwester Nina und die Großmutter Cristina. Das ganze Dorf besteht aus Aktivisten, vor allem die Frauen organisieren den Widerstand.

Die wichtigen Dinge liegen hier immer schon in Frauenhand. So auch das Bierbrauen. Dazu treffen die Frauen des Dorfes sich einen ganzen Tag lang zu einer «Minga», wie die Gemeinschaftsarbeiten im Dorf genannt werden. Sie ernten Yucca, schälen, kochen und zerstampfen die Pflanzen zu einem Brei, der dann mit Wasser – angeblich auch Spucke – in einem Tontopf vierundzwanzig Stunden gärt. Dann ist das Bier fertig. Es ist der einzige Alkohol, der im Dorf erlaubt ist – auch das wurde auf Bestreben der Frauen so beschlossen.

Helena lebt hier, bis sie in Finnland eingeschult wird. Von da an kommt sie zunächst nur noch in den Ferien nach Sarayaku. In der Mittelstufe darf sie ein ganzes Jahr im Dschungel zur Schule gehen. «Meine Schule in Finnland sieht das ganz entspannt», erzählt sie in einem Interview. Nach dem Abschluss will sie studieren, irgendetwas mit Sozialwissenschaften. Aber sie träumt davon, später nach Sarayaku zurückzukehren und hier «ganz normal» zu leben.

Als Kind hatte sie immer gefürchtet, eines Tages zu Ferienbeginn in den Dschungel zurückzukommen, «und das Dorf ist weg». Zerstört. Weggeschwemmt. Was auch immer. Die Bedrohungen sind groß. Der Klimawandel hinterlässt bereits seine zerstörerischen Spuren im Regenwald. Allein im Frühjahr 2020 wurde ihr Dorf bei drei großen Überschwemmungen überflutet, am schlimmsten im März. Mit ihrer älteren Schwester Nina zusammen hat sie einen Spendenaufruf gestartet. 70 000 Dollar haben sie schnell beisammen. Aber was ist das schon, wenn die Ernte vernichtet ist, die Holzhütten zerstört, die Tiere verendet?

Die Dorfgemeinschaft versucht den Spagat zwischen Tradition und Moderne. «Kawsak Sacha» nennen sie die Philosophie, «gesunder Wald». Ihr zufolge leben der Wald, die Bäume, das Wasser. Das alles gilt es zu respektieren. Moderne Wissenschaft und Technologie lehnen sie nicht generell ab, sie versuchen aber die Auswirkungen gering zu halten, nach dem Motto: Vorzüge ja, Nachteile nein. Auf ihren Vorträgen in Schulen und auf internationalen Podien versucht Helena Gualinga, das Prinzip zu erläutern. Parabolantennen und Laptops: ja. Der direkte Anschluss an den Rest der Welt bedeutet Fortschritt. Ein Flugzeug auch, das nutzen sie vor allem, um Dorfbewohner nach einem Schlangenbiss ins Krankenhaus zu bringen. Auch Sonnenpaneele und Flachbildschirme gehen in Ordnung. Schließlich wollen sie die Spiele der Nationalmannschaft im Gemeinschaftssaal schauen. Es gibt auch Duschen; die sind für die Gäste, die Einheimischen baden im Fluss. Sie tragen Jeans und T-Shirts. Die Stammestracht wird nur an Feiertagen und bei medienwirksamen Auftritten vor Gericht, auf Konferenzen oder im Fernsehen angelegt. Aber die Ölindustrie passt nicht zur Philosophie der Kichwa.

Der Kampf des Dorfes ist älter als Helena selbst. Die ersten Bohrlizenzen für das Gebiet von Sarayaku wurden 1989 vergeben. Drei Jahre später marschierten die Indios verschiedener Amazonasgegenden aus Protest in die Hauptstadt Quito, um die Rechte auf ihr Land zu verteidigen. «Diese Trennung zwischen Land und Bodenschätzen ist lächerlich», lautet die Argumentation der Menschen im Dorf. Deshalb pochen sie auf die Einhaltung der internationalen Menschenrechte, wie sie in der Verfassung vorgeschrieben sind. «In Artikel 169 steht, dass für Megaprojekte im Gebiet von indigenen Völkern deren Zustimmung einzuholen ist.» Und sie hatten Erfolg: Zum einen bekamen sie Geld, zum anderen – und das war viel wichtiger – wurden die Bodenrechte ins Kataster eingetragen. Letzteres ist Gold wert, ohne diesen Schritt hätten die Ureinwohner überhaupt keine Handhabe.

Trotzdem erhielt ein paar Jahre später die argentinische Ölfirma CGC vom ecuadorianischen Staat die Bohrrechte für ein 200 000 Hektar großes Fördergebiet. Ein Teil davon, 140 000 Hektar Regenwald, gehört den Kichwa. «Block 23» heißen die darunterliegenden Ölfelder, über die die Regierung – mit Einwilligung – verfügen darf.

2002, in Helenas Geburtsjahr, betraten zum ersten Mal drei Mitarbeiter des CGC-Ölkonzerns das Land ihrer Vorfahren, um das Terrain auszukundschaften. Sie hatten kein Recht dazu. Niemand hatte die Erlaubnis des Stammes eingeholt. Sie taten es trotzdem. Und als die tausendfünfhundert Bewohner von Sarayaku sie vertrieben, schickten sie neue Leute, die Dynamitstangen zur seismischen Untersuchung in den Boden gruben, um die Ölfelder ausfindig zu machen. Die Dorfbewohner zogen mit ihren Macheten durch die Wälder, setzten ihnen nach oder nahmen sie fest. Danach brannten plötzlich ihre Felder. Sie bekamen Morddrohungen, schließlich rückte das Militär gegen die störrischen Einwohner vor. Verwandte von Gualinga wurden festgenommen und eingeschüchtert; es gab angeblich sogar Tote. Etliche Verfahren wurden gegen die Stammesführer eingeleitet. Das Dorf blieb eisern und verklagte, wie erwähnt, Regierung und Konzern vor dem Interamerikanischen Gerichtshof für Menschenrechte. Das hatte noch kein Stamm gewagt. Der Gerichtshof entschied 2012 zugunsten der Kichwa und verurteilte den ecuadorianischen Staat.

Das Dorf Sarayaku erhielt eine Entschädigung von 1,3 Millionen Dollar. Eine stolze Summe, die allerdings um etliches übertroffen wurde von dem Betrag, über den die Ölfirma sich freuen durfte. Die bekam 20 Millionen Dollar für das entgangene Geschäft, mit der Auflage, die vergrabenen Dynamitstangen im Regenwald zu entfernen. Was allerdings nie passierte. Trotzdem war das Urteil für die Bewohner von Sarayaku ein Sieg auf ganzer Linie.

In dem Kampf haben sie gelernt, wie wichtig moderne Kommunikation ist. Ohne Internet hätten sie nicht gewonnen, ist sich Helenas Familie sicher. Ihr Onkel Eriberto hat den Widerstand Sarayakus gefilmt und das Dorf bekannt gemacht. Seine Dokumentarfilme wurden auf Festivals rund um die Welt gezeigt. «Die Nachkommen des Jaguars» heißt eine seiner Dokumentationen. «Ohne die Öffentlichkeit wären wir chancenlos gewesen», meint er. Anfangs wurden sie von den Medien belächelt. Was für rückständige Indios, lautete der Tenor vieler Geschichten. Das Öl bringe ihnen doch Entwicklung, Arbeitsplätze, Wohlstand. Erst durch Eribertos Filme entwickelte sich ein Verständnis für das Denken und Handeln der Indios. Denn in anderen Regionen hatten die Bewohner die Kehrseite der Ölförderung kennengelernt, den Dreck, den Krach, die Flucht der Tiere. Die Lecks in den Leitungen, das vergiftete Wasser, Kahlschlag und die mickrigen Ernteerträge. Das waren die Folgen, von denen den Einwohnern vorher nichts erzählt worden war.

So hatten die Kichwa von Lago Agrio gehört: Vierhundert Kilometer nördlich von Sarayaku hatte Texaco dreißig Jahre lang Öl gefördert. Als der Konzern 1992 abzog, waren Boden und Gewässer verseucht, das Land lag brach, war weniger fruchtbar als zuvor. Und auch die Krebsrate in der Bevölkerung ist höher als anderswo. Letzteres mag Zufall sein. Aber für die Verseuchung wurde der Mutterkonzern Chevron nach zwanzig Jahren vom Obersten Gericht Ecuadors verurteilt – zu der Rekordstrafe von 9,5 Milliarden Dollar. Nur bezahlt wurde sie nie. Chevron wies alle Schuld von sich; das Geld bei dem amerikanischen Konzern einzutreiben, erwies sich als unmöglich. Den Schaden hatten das Amazonasgebiet und seine Bevölkerung.

Nicht einmal die Nationalparks sind sicher. Der Yasuní-Nationalpark in Ecuador gilt als artenreichster der Welt; Tier- und Naturfreunden schlägt das Herz höher angesichts der zahlreichen Arten von Amphibien, Affen, Aras und rosafarbenen Delfinen, die in der unberührten Wildnis leben. Ölmanager sehen dagegen vor allem die 1,3 Milliarden Barrel Rohöl, die in der Tiefe schlummern. Als Ecuador dazu ansetzt, auch hier Plattformen zuzulassen, regt sich internationaler Protest. 2012 unterbreitet Ecuador den Vereinten Nationen einen ungewöhnlichen Vorschlag: Es gelobt, den Nationalpark zu schützen, wenn die internationale Gemeinschaft einen Ausgleich für das Erdöl zahlt – in Höhe von 7,2 Milliarden Dollar. Der Vorstoß scheitert an den USA, Russland, China und Deutschland. Es kommt nur ein Bruchteil der Summe zusammen. Daraufhin gibt die Regierung in Quito das Amazonasbecken praktisch zur Ausbeutung frei. Mittlerweile verlaufen Pipelines über Tausende von Kilometern durch den Dschungel; auf Schotterstraßen dröhnen Laster durch den Regenwald. Wilderer und illegale Holzfäller dringen auf diesen Pisten immer tiefer in den Nationalpark ein.

«Wir waren gewarnt», sagt Helena Gualingas Familie. Stellte sich nur die Frage, was macht das Indiodorf mit 1,3 Millionen Dollar? Sie haben das Geld nicht verteilt, sondern es in eine eigene Dorfbank und zwei Propellermaschinen angelegt. Bei normalen Banken bekommen indigene Kunden nur sehr schwer einen Kredit. Da springt nun die eigene Bank ein und vergibt Mikrokredite, wenn jemand Mais anpflanzen oder Hühner züchten will. Um die Einzigartigkeit des Lebensraums herauszustellen, haben sie das Projekt «Sisa Ñampi» ins Leben gerufen, «Lebende Grenze». Rund um das Stammesgebiet pflanzen sie Tausende bunt blühender Obst- und Medizinbäume an, die ältesten sind schon sechs Meter hoch. Alle zwei Monate befreien die Bewohner die Bäume während einer Minga von Lianen und Unkraut. Die blühende Grenzlinie bedeutet jedem auf schöne Art und Weise: Achtung, nun betrittst du das Gebiet der Kichwa!

Doch natürlich war mit dem einen Sieg der Kampf nicht dauerhaft gewonnen. Neues Unheil drohte bald. Die Regierung startete 2019 die Verhandlungen über die Vergabe von Bohrrechten an eine chinesische und die italienische Ölfirma Agip, auch sie betreffen teilweise das Gebiet von Sarayaku. Wieder hat sich niemand um die Zustimmung der Bewohner bemüht. Die Kichwa sind wild entschlossen weiterzukämpfen. Für den Erhalt ihres Territoriums und ihre Art zu leben. Notfalls ziehen sie wieder vor Gericht, sagt Helena Gualinga.

Zwar beteuern die Konzerne, dass sie mit den neuesten Technologien heute viel sauberer arbeiten als je zuvor. Zu Unfällen kommt es allerdings immer wieder. Gualinga twittert im April 2020: «Dringend! Massive Ölverpestung im Amazonasgebiet. Rohöl fließt in den Río Coca und Río Napo.» Tatsächlich sind im Süden von Ecuador durch einen Erdrutsch Erdölpipelines der staatlichen Erdölfirma Petroecuador gebrochen. 15 000 Barrel Öl, also 2,4 Millionen Liter, treten aus, mehrere Flüsse werden verseucht. Dazu kommen die Überschwemmungen. Mitten in der Covid-19-

Pandemie haben 100 000 Bewohner plötzlich kein Trinkwasser. Die Anwohner können die an den kontaminierten
Flüssen angebauten Nahrungsmittel nicht mehr verwenden,
sie müssen den Fischfang einstellen und sind über Monate
auf Hilfslieferungen angewiesen. Umweltschützer sprechen
von einer der schlimmsten Umweltkatastrophen im Amazonas seit 15 Jahren. Die Regierung weist alle Schuld von sich
und spricht von «höherer Macht». Dabei hätte sie gewarnt
sein müssen, nachdem es im Februar zu einer ersten Ero-
sion an einem Wasserfall gekommen war.

Für Gualinga ist es ein Kampf an zwei Fronten – gegen
das Öl und den Klimawandel. Das eine hängt mit dem anderen zusammen. Beides muss gestoppt werden – vor Gericht,
im Dschungel, auf der internationalen Bühne. Viel zu lange
sei die indigene Bevölkerung bei den internationalen Verhandlungen unsichtbar gewesen; man habe sie ignoriert und
ausgeschlossen. «Staaten wie Ecuador kommen hierher und
halten wunderschöne Reden, ohne etwas zu tun», kritisierte
die Siebzehnjährige im Dezember 2019 während ihrer Rede
auf der UN-Klimakonferenz in Madrid. Das will sie ändern.
«Ich weiß, was ich zu tun habe. Ich gebe jenen eine Stimme,
die keine eigene Stimme haben oder zum Schweigen gebracht wurden.»

Es geht der Jugendlichen nicht mehr nur um illegale
Vorstöße der Konzerne. Die Ölindustrie soll sich komplett
zurückziehen aus dem Regenwald. Zu diesem Zweck hat sie
im Januar 2020 die Initiative «Polluters Out» gegründet, zusammen mit zweihundert anderen Jugendlichen, Umweltorganisationen und Wissenschaftlern aus aller Welt. Die
Idee war den jungen Aktivistinnen in Madrid gekommen,
nachdem der Klimagipfel sich aus ihrer Sicht als riesige Enttäuschung und reine Farce entpuppt hatte. Auf nichts hät-

ten die Regierungen sich geeinigt. Nun wollen sie es selbst richten. Das Versagen der Staaten bei der Klimakonferenz, so heißt es auf der Homepage von «Polluters Out», sei symptomatisch. Schuld sei die mächtige Lobby der Ölindustrie, die alles – Regierungen, Banken, Universitäten und sogar die internationalen Klimaverhandlungen selbst – fest im Griff hätte.

Nur was sollen ausgerechnet die Teenie-Rebellen bewirken? Wie groß ist die Aussicht auf Erfolg im Kräftemessen mit drei mächtigen Feinden – Regierungen, Ölindustrie und Klimawandel? Die «Generation Greta» gibt sich durchaus siegesgewiss.

SCHLUSS:

DAS VERSPRECHEN DER JUNGEN REBELLINNEN

Hinter jeder jungen Rebellin steht ein Versprechen. Das Versprechen, dass diese Kämpferinnen die Welt im Kleinen oder im Großen umkrempeln, zum Guten wenden – obwohl oder gerade weil sie so jung sind. Ob die Mädchen das schaffen, ob die Generation Z oder «Generation Greta», wie sie immer häufiger genannt wird, ihren Idealen treu bleibt oder an den Umständen scheitert, vermag heute noch niemand zu sagen. Viele Generationen vor ihnen sind ebenso voller Idealismus gestartet, träumten davon, Gesellschaften umzuwälzen, bis sie irgendwann eingeknickt sind, sich der Realität angepasst und ihren langsam verblassenden Idealen und Träumen hinterhergetrauert haben. Oder aber sich eines Besseren belehren ließen.

Die Chancen aber standen nie besser für die Aktivistinnen. Daher rührt auch ihr immenses Selbstbewusstsein. Die New Yorker Klimakämpferin Xiye Bastida schreibt: «Sie wundern sich vielleicht darüber, wie ein Haufen Kinder es mit einer milliardenschweren Ölindustrie aufnehmen kann. Es wird nicht leicht, aber zum ersten Mal in der Geschichte haben wir uns zu einer globalen Koalition junger Klimaorganisationen und unabhängiger Einzelaktivisten zusammengeschlossen, über alle Kontinente hinweg, mit dem Ziel, universelle Nöte zu bekämpfen.»

Es ist mehr als «ein Haufen Kinder», der den Mächtigen

trotzt. Es sind Millionen Menschen, die sich ähnlichen Zielen verbunden fühlen, es ist eine Bewegung. Und ja, sie sind jung. Sehr jung sogar. Wofür sie von manchen belächelt werden. Was ihnen aber andererseits Sympathie und Aufmerksamkeit sichert.

Sophie Cruz zum Beispiel war gerade einmal fünf Jahre alt, als sie 2015 auf einer Kundgebung in Washington D.C. die Massen mit einer Rede über das ungelöste Schicksal der «Dreamer» tief bewegte. Wer könnte das besser als ein kleines, eloquentes Mädchen in mexikanischer Tracht, das erst auf Spanisch, dann auf Englisch spricht? Sie gehört zu der Gruppe junger Menschen, deren Eltern einst illegal aus dem Süden über die Grenze in die USA kamen. Dort leben und arbeiten sie seit Jahrzehnten, ohne Aussicht, je die amerikanische Staatsbürgerschaft zu erlangen. Sie haben keine Papiere, keine Sozialversicherungsnummer, keine Rechte. Anders als ihre Kinder, wenn diese in den Vereinigten Staaten auf die Welt kommen. Ihr Schicksal wurde wieder und wieder in Washington diskutiert, bis Präsident Trump die Verhandlungen kurzerhand aussetzte.

Für Sophie Cruz bedeutet das, dass ihre Eltern jederzeit festgenommen und abgeschoben werden könnten, dass sie mit den beiden Töchtern nicht die Großeltern in Mexiko besuchen können. Deshalb schreibt Sophie Cruz 2015 einen Brief an den Papst, den sie ihm bei seinem Besuch in Washington übergeben will. Tatsächlich rennt sie bei der Parade durch die Sicherheitsabsperrungen hindurch, an der Security vorbei zum Papamobil. So etwas kann nur einem kleinen Mädchen gelingen. Jeder andere wäre von den Leibgarden überwältigt oder gar erschossen worden. Sie aber lässt man durch, man reicht sie hoch zum Papst, der sie auf den Kopf küsst und den Brief nicht nur in Empfang nimmt, sondern das Thema am nächsten Tag auch beim Besuch im US-Kongress anspricht. Und da die Szene mit dem Papst gefilmt wurde, griffen Sender und soziale Medien die Geschichte auf. Cruz wurde zum Gesicht der Bewegung, die für die Rechte der Dreamer kämpft, setzte sich bei Verhandlungen des Obersten Gerichtshofs der Vereinigten Staaten ins Publikum. Sie traf Barack Obama und Joe Biden im Weißen Haus, während ihre Eltern draußen vor den Toren warten mussten, da sie - als illegale Immigranten - nicht durch die Sicherheitsschleusen durften. Sie nennt sich selbst «immigration activist», inspirierte zahlreiche Künstler, sie zu malen, und wurde sogar am San José Museum of Art überlebensgroß auf die Wand gesprüht.

Ist die kleine Cruz damit eine geborene Aktivistin? Oder stecken erwachsene Macher hinter der Figur «Sophie Cruz»? In ihrem Fall ist das leichter zu beantworten als bei Greta Thunberg mit ihren ambitionierten, bestens vernetzten sowie medien- und kampagnenerfahrenen Eltern. Cruz' Eltern sprechen kaum Englisch. Ihr Vater arbeitet in einer Fabrik. Sie haben gelernt, nicht aufzufallen, sich nicht anzulegen mit Behörden in einem Land, in dem sie illegal leben. Sie sehen in der Tochter vielleicht die Chance, auf ihr Leid aufmerksam zu machen, sie basteln aber nicht an der Marke Sophie Cruz.

Ist der Fünfjährigen also voll bewusst, was sie da tut, wofür sie kämpft? Natürlich nicht, aber sie spürt die Folgen der amerikanischen Immigrationspolitik am eigenen Leib. Sie darf ihre Oma nicht kennenlernen. Sie kennt das «Notfallszenario», wenn sie irgendwann heimkommt und ihre Eltern im Gefängnis sind. Das versteht eine Fünfjährige, egal ob ihre Eltern damals unerlaubt in das Land eingereist sind. Und sie kann auch selbst entscheiden: So nicht, jetzt reicht's! Manche stehen bereits mit fünf Jahren an dem Punkt, dass sie handeln wollen. Andere mit 16, mit 35 oder auch erst mit 85.

«Alter spielt keine Rolle, es sei denn, man ist ein Käse», sagte einst der Mexikaner Luis Buñuel, einer der bedeutendsten Filmemacher des 20. Jahrhunderts. Die Rebellinnen formulieren es ähnlich. Melati Wijsen sagt: «Du bist nie zu jung, um etwas zu bewegen. Und es ist nie zu spät, damit anzufangen.» Dass Jugendliche nicht alles wissen und nicht auf alles eine Antwort haben, ist ihr gutes Recht, findet die dreizehnjährige Naomi Wadler: «Menschen nehmen Dinge wahr, die um sie herum passieren, dafür gibt es keine Altersbeschränkung. Das ist keine Sache der Erwachsenen, das geht auch uns Junge an. Das geht uns Mädchen an, das geht Menschen aller Hautfarben an. Jede von uns kann die erste schwarze Präsidentin von Amerika werden.» Die Träume dürfen groß sein. Think big. Dream big. Diese Mädchen sehen über sich nur den Himmel. Es sei ihnen gestattet.

Ihre Generation ist deutlich politischer als ihre zaghaften, leisen Vorgänger aus den Generationen X und Y. Sie sind radikal, optimistisch und laut. Sie sind überall. Und sie werden gehört. Sie vernetzen sich in den sozialen Medien über Landesgrenzen und Kontinente hinweg. Das verleiht ihnen eine globale Macht, die frühere Generationen nicht hatten.

Auch wenn Pandemie und Lockdown im Frühjahr 2020 die Rebellinnen vorerst von der Bildfläche verdrängt haben, so heißt das nicht, dass sie verschwunden sind. Denn ihre Themen – Klima, Umwelt, soziale Gerechtigkeit – sind nicht vorbei. Im Gegenteil: Viele Missstände haben sich eher verschlimmert. So sehen Hilfsorganisationen bereits jetzt Anzeichen dafür, dass die Zahl der Kinderehen in Afrika, Asien, Lateinamerika wieder steigt. Vielerorts wurden die Schulen wegen Corona über Monate geschlossen – ob die Kinder danach alle wieder zurückkehren oder versuchen, das karge Einkommen der Familie aufzubessern, indem sie sich als billige Hilfsarbeiter anbieten, bleibt abzuwarten. Und auch das Klima bekommt maximal eine Verschnaufpause. Der große Verlierer von Covid-19 ist nicht das Auto, sondern der öffentliche Nahverkehr.

Die Rebellinnen werden folglich zurückkehren, drängender und stärker, vielleicht auch noch radikaler. Denn sie haben gelernt, dass sie Macht haben, und sie wissen mittlerweile, wie sie diese nutzen können. Greta Thunberg kann mit einem Tweet den mächtigsten Mann der Welt, den amerikanischen Präsidenten, brüskieren. Sie kann den Glanz einer Weltmarke ruinieren und Manager stürzen. Darauf muss die Wirtschaft sich einstellen, wenn sie nicht ihr blaues Wunder erleben will wie der Siemens-Konzern und sein Chef Joe Kaeser. Wie ihn kann es jeden treffen. Sogar Kabarettisten erleben einen Shitstorm, wenn sie es wagen, sich über Greta Thunberg lustig zu machen.

«Keine Jugendbewegung hat jemals so viel globale Aufmerksamkeit bekommen», schreibt der schwedische Soziologe Mattias Wahlström, der sich seit längerem mit der Generation Z und ihren Vorgängern beschäftigt. Der deutsche Jugendforscher Klaus Hurrelmann pflichtet ihm bei. Er widmet der «Generation Greta» sein jüngstes Buch. «Fridays for Future», schreiben er und Koautor Erik Albrecht, «hat den Beginn eines großen Experiments eingeläutet.» Es besteht in dem Versuch, ob die Menschheit ohne Ausbeutung anderer Länder und Völker, der Frauen oder der Natur existieren kann. Ohne mehr Ressourcen zu verbrauchen, als verantwortbar ist.

Am Anfang der Bewegung steht das Klima. Es ist das globale Thema, das die Jugend verbindet. Über das sie sich identifiziert. Allerdings ist es auch nur der Beginn. Wenn Helena Gualinga im Amazonas gegen die Ölindustrie kämpft, so macht sie das zuallererst wegen der Umweltschäden vor Ort. Weil das Öl die Flüsse verseucht, in denen sie fischen, von denen sie leben. Weil die Wälder gerodet werden, die ihnen Nahrung geben. Und weil die Mitarbeiter der Ölfirmen in das Gebiet der indigenen Bevölkerung vordringen, obwohl sie das nicht dürfen. Dass die Ölindustrie klimaschädlich ist, ist erst der zweite Gedanke.

Hinter jeder Rebellin steht Greta Thunberg. Weil sie für das Klima kämpft. Weil sie ein Mädchen ist. Weil sie wütend ist. Weil sie ein Role Model ist. Deshalb nennt Hurrelmann sein Buch «Generation Greta». Deshalb spricht der Silicon-Valley-Vordenker und Milliardär Peter Thiel von der «Greta-Ökonomie». Die Schwedin prägt die Generation Z wie keine andere. Sie ist Vorbild, Idol, wenn auch nicht alle geeint hinter ihr stehen.

Auf einem Kongress in Washington D.C. 2019 bringt die siebzehnjährige Natasha Mwansa aus Sambia auf den Punkt, was Greta Thunberg für ihre Generation bedeutet: «Greta ist eine der Vorkämpferinnen unserer Generation, aber wir sind mehr als eine, und wir haben mehr als nur eine Botschaft. Greta kämpft für den weltweiten Klimaschutz, ich für den Schutz von Kindern und Frauen, andere für Bildung oder sauberes Wasser. Das ist wie ein Puzzle – die einzelnen Teile setzen sich zu einem großen Ganzen zusammen. Zu einer besseren, gerechteren Welt.»

Mwansa ist Aktivistin, seit sie zwölf ist und erfahren musste, dass in ihrem Land gleichaltrige Mädchen in eine Ehe gezwungen und damit um ihre Zukunft gebracht werden. Das Thema hat sie bis heute nicht losgelassen. «Ich mache weiter, bis Kinderehen überall auf der Erde verboten sind.» Wenn Mwansa nach ihrer persönlichen Haltung zum Klima gefragt wird, sagt sie: «Klimawandel? Ja. Das ist ein wichtiges Thema. Es ist aber auch gerade im Trend.» Wer in Sachen Klima unterwegs ist, macht nichts falsch, will sie damit sagen. Der läuft zwangsläufig auf der richtigen Seite mit, ohne viel tun oder riskieren zu müssen. Anders ist es, wo die Klimakrise nicht abstrakt bleibt, sondern konkret wird. Dort, wo die Felder veröden, wo Dürre die Menschen hungern lässt. Wo kleine Inselstaaten drohen unterzugehen. Da reichen keine blumigen Reden, da ist persönlicher Einsatz erforderlich.

Sie selbst unterstützt alles, was der Umwelt hilft – Dinge wiederverwenden, recyceln, Wasser sparen. Aber sie hat einen anderen Fokus: «Bäume werden abgeholzt, ja. Tierarten sterben aus. Das ist schlimm. Nur was antworte ich denen, die sagen: ‹Das alles ist furchtbar, es ist auch zu viel CO_2 in der Luft, die Menschen sollten weniger fliegen, alles richtig. Aber ich habe nichts zu essen auf dem Teller. Meine Kinder können nicht zur Schule gehen. Es gibt keinen Arzt hier, kein Krankenhaus.›» Das seien die dringenden Fragen, die es zu lösen gelte, bevor man den Klimawandel stoppt.

Bleibt die Frage, warum sich so viele Mädchen berufen fühlen, diese Fragen zu lösen. Die Auswahl des Buches ist keinem feministischen Ehrgeiz geschuldet, sondern ein Abbild der Bewegung. «Es ist eine Generation der starken Frauen», bestätigen Soziologen auf allen Kontinenten. Natürlich schauen die Jungs nicht einfach nur zu. So wie die Bencheghib-Brüder auf Bali die Flüsse vom giftigen, stinkenden Müll säubern, so bastelt der Niederländer Boyan Slat seit Jahren an einer raffinierten Erfindung, um die Meere vom Plastik zu befreien: Der Junge mit Strubbelhaar und zu großen Hemden verbrachte 2011 seine Sommerferien in Griechenland, wo er beim Schnorcheln überall Plastik im Wasser entdeckte. Zu Hause gründete der Schüler daraufhin das Projekt «The Ocean Cleanup». Mit riesigen Fangarmen aus schwimmenden Röhren rückt er seither den Plastikteppichen im Meer zu Leibe – bisher noch mit mäßigem Erfolg. Immer wieder scheitern die Müllstaubsauger im Praxistest. Trotzdem ist er Pionier und Rebell zugleich. Auch Emma González war nicht allein, als sie sich mit der Waffenlobby in den USA angelegt hat. Hinter ihr standen ihre Klassenkameraden, Jungs wie Mädchen.

Trotzdem sind die meisten Anführer junge Frauen. Auf den ersten Blick ist das überraschend. Frauen waren immer weniger politisch interessiert und engagiert als junge Männer. Allerdings ändert sich das seit etwa zehn Jahren. «Die Mädchen holen schwer auf», sagt die Jugendforscherin Martina Gille vom Deutschen Jugendinstitut in München. Das habe mit den Themen zu tun, die global an Bedeutung gewinnen. «Umwelt, Familie, Frieden, soziale Gerechtigkeit – das sind alles traditionelle Frauenthemen. Die Mädchen haben das als ihre Chance erkannt, und sie nutzen sie.» Klaus Hurrelmann kommt zu dem gleichen Schluss: «Die Sicherung und Bewahrung von Lebensgrundlagen ist eine Thematik, die Frauen mehr als die klassischen Politikformen beschäftigt, bei denen es um Macht und Herrschaft und möglicherweise Geld, Gewalt und Krieg geht.»

Woher kommen sie? Aktivistinnen fallen nicht vom Himmel. Die meisten von ihnen weisen einen vergleichbaren soziokulturellen Hintergrund auf. Gille nennt es einen «Bildungs-Bias». Besonders häufig engagieren sich Kinder aus der bildungsnahen Mittelschicht. Daher rührt vermutlich das Gefühl einer globalen Verbundenheit und Nähe, von der viele Mädchen sprechen. Über die sozialen Netzwerke bauen sie über Jahre enge Kontakte auf, mit Jugendlichen, die in etwa ticken wie sie selbst. Es entsteht eine Art «globales Bewusstsein» zwischen Aktivisten, die über die Grenzen hinweg ein ähnliches Wertegerüst für sich entwickeln. Wie es der anfangs zitierte Hamburger Zukunftsforscher Ulrich Reinhardt formuliert hat: «Die Unterschiede zwischen armen und reichen Stadtteilen in Deutschland sind bisweilen größer als zwischen Mittelstandskindern in den Metropolen weltweit.»

Hinter jeder Rebellin steht ein starkes Elternhaus. In den meisten Fällen ist es eine starke Mutter. So wird die zehnjährige Kenianerin Ellyanne Wanijku von ihrer alleinerziehenden Mutter unterstützt. Dorothee Wanijku ist, was man als eine toughe Geschäftsfrau bezeichnen würde. Ellyannes Vater kommt aus Polen, er ist Wissenschaftler. Kennengelernt haben die Eltern sich in Europa, als er in Münster promovierte und sie in London lebte. Es hat nicht funktioniert. «Er hat versucht, in Kenia zu leben, ich in Polen, beides ging nicht», erzählt die Mutter. Nun besuchen sie ihn jedes Jahr über Weihnachten. Dorothee Wanijku strahlt ein enormes Selbstbewusstsein aus, immer mit einem großen Lächeln im Gesicht, wenn sie ihre Tochter bei ihren Auftritten begleitet. Trotzdem bleibt sie im Hintergrund, stiehlt der Tochter nicht die Show. Sie ist jederzeit für sie da, hilft ihr, pusht sie auch gelegentlich, aber wie viele andere Mütter von Rebellinnen sagt sie: «Meistens muss ich sie eher bremsen. Sie hat so unfassbar viel Energie.»

Auch Marley Dias mit ihrer Initiative #1000BlackGirls-Books wird von ihrer Mutter gemanagt. Naomi Wadler lässt nicht nur ihre Social-Media-Accounts von ihrer Mutter verwalten, sondern vertraut ihr in allen Belangen, die ihre öffentliche Person und ihre Kampagnen betreffen. Das Gleiche lässt sich über Little Miss Flint sagen und über die Kanadierin Autumn Peltier, die von Mutter und Großtante, der offiziellen Wasserbeauftragten der First Nations, von klein auf beeinflusst wurde. Es zieht sich wie ein roter Faden durch die Biographien der Mädchen. Dass sie deshalb von den Müttern, Eltern oder anderen Erwachsenen für deren Ideen instrumentalisiert werden, ist nicht gesagt. Anders als die 68er-Bewegung rebellieren sie nicht gegen das eigene Elternhaus. Sie leben vielmehr in einer Umgebung, die ihren Aktivismus fördert oder zumindest unterstützt. Greta Thunbergs Eltern kämpfen gegen den Klimawandel wie die Tochter, wenn auch vielleicht weniger radikal. Zudem soll Greta – laut ihrem Vater – entfernt mit Svante Arrhenius verwandt sein, dem schwedischen Nobelpreisträger, der 1895 als Erster die Erderwärmung durch den Anstieg von CO_2-Emissionen prognostizierte. Der Urahn der Klimaschützer quasi.

Was die «Generation Greta» mit früheren Generationen verbindet, ist die gewaltige Sehnsucht nach einem Richtungswechsel. Mit jeder neuen Überschwemmung, Ölpest, jedem neuen Hitzesommer oder Lebensmittelskandal macht sich unter den jungen Menschen ein Unwohlsein breit, das die Frage nach sich zieht, ob es immer so weitergehen kann. Ob nicht ein Gegensteuern nötig ist.

Aber das Unwohlsein beschränkt sich nicht auf die Jungen. Es umfasst alle Altersgruppen, es geht quer durch die Gesellschaft. Deshalb soll am Ende dieses Buches, in dem so viele starke Stimmen junger Frauen zu hören waren, ein älterer Mann das Wort haben. Kein wütender weißer, sondern ein weiser Mann, der etwas formuliert hat, was für alle Menschen gelten sollte. Es ist sein Testament an die kommenden

Generationen. Es sind Worte, die man jeder Rebellin mit auf den Weg geben mag.

Im Sommer 2020 schreibt der italienische Modedesigner Brunello Cucinelli den «Brief eines Großvaters am Tag des Beginns eines neuen Lebens». Der Modemacher ist in seinen Sechzigern, schon lange ist es ihm ein Anliegen, dass seine Kleidung langlebig ist, umweltschonend hergestellt wird. Im Corona-Sommer hat er viel nachgedacht. Die vielen Toten von Bergamo, die Leichenwagen, die sich am Stadtrand stauen, der Lockdown, der Stillstand der Wirtschaft – das alles sitzt ihm in den Knochen. Er sagt über sich selbst: «Ich lebe vollkommen nachhaltig, ich werfe nichts weg. Das ist meine Philosophie. Mein Hemd ist sieben Jahre alt, die Jacke, die ich trage, sechs Jahre. Ich möchte ein Wächter der Dinge sein, ein Restaurator und damit ein Vorbild für junge Menschen. Und ich glaube, diese Philosophie wird nach der Krise die vorherrschende sein: Wir werden weniger kaufen. Wir werden wissen wollen, wo etwas produziert worden ist und auf welche Art und Weise. Ist es so produziert worden, dass es der Menschheit nicht schadet? Ich bin vollkommen sicher, dass hier ein erhöhtes Bewusstsein entstehen wird. Dafür spricht auch die Entwicklung der vergangenen Jahre. Es wird keine Renaissance sein, dieses große Wort möchte ich nicht bemühen, aber immerhin: eine neue Zeit.»

In der neuen Zeit, so schreibt er in dem offenen Brief, den er an seine eigenen Enkel und die ganze Generation adressiert, bittet er sein Heimatland jeden Tag um das, «was es mir in meinen jungen Jahren gegeben hat, die Wohltat, die mir mit der Zeit immer faszinierender und wunderbarer erscheint: gelbe Ähren, duftende Früchte, gepresste Oliven, der glänzende Pflug, das Brummen der Bienen, der ewige Schatten der jahrhundertealten Eichen».

Das ist, in den Worten eines weisen Mannes, der Traum der Jugend. Doch Cucinelli weiß auch, was dieser Traum der Jugend abverlangt: Sie muss sich «stets des hohen Stellenwertes der menschlichen Würde und des daraus resultierenden Respekts bewusst sein, den wir allen zollen sollten, immer und ausnahmslos». Wünsche seien dann richtig, wenn sie den richtigen Bedürfnissen entsprechen; von jedem Reichtum, der nicht mit Ehrlichkeit verdient oder wiedererlangt werde, sei Abstand zu halten. Reichtum selbst bedeute gar nichts, wenn er nicht mit anderen geteilt werde. «Euch wird klar sein, wie wichtig die Harmonie im Universum ist, unabdingbar für jedes Lebewesen, denn es gibt nur einen Körper und einen Geist.»

Cucinelli bezeichnet seinen Brief als «geistiges und höfliches Testament für die Menschheit von morgen». Sein Schlusswort lautet: «Die Schöpfung und alles, was zu ihr gehört, muss immer geliebt und geschützt werden - Euer Brunello.»

ANHANG

ZUM WEITERLESEN

Alle, die mehr über einzelne Rebellinnen und die Motivation der Generation Z erfahren möchten, finden hier eine Sammlung einschlägiger Literatur sowie Links zu Videos ihrer Auftritte. Die Liste ist eine persönliche Auswahl.

Greta Thunberg, ihre Vorgängerinnen und die «Generation Greta»

Astheimer, Sven: «Ich werde diese Zahlen wiederholen, immer wieder», Frankfurter Allgemeine Zeitung, 21.01. 2020, https://www.faz.net/aktuell/wirtschaft/weltwirt schaftsforum/keine-greta-show-auftakt-des-weltwirt schaftsforums-in-davos-16592990.html.

Birschel, Annette / Petra Kaminsky / Steffen Trumpf: «Der Greta Effekt», heise online, 07.02.2019, https://www. heise.de/newsticker/meldung/Der-Greta-Effekt-Junge-vernetzte-Aktivisten-kaempfen-fuer-eine-bessere-Welt-4300231.html?seite=all.

Carstens, Peter: «Das Mädchen, das 27 Jahre vor Greta den Mächtigen die Leviten las», Geo.de, 12.09.2019, https://

web.archive.org/web/20191209130332/https://www.
geo.de/natur/nachhaltigkeit/20913-rtkl-severn-cullis-
suzuki-das-maedchen-das-27-jahre-vor-greta-den.

Cucinelli, Brunello: «Letter from a grandfather on the first day of the new Life», 11.06.2020, https://www.brunello
cucinelli.com/en/letter-from-a-grandfather.html.

Cullis-Suzuki, Severn: Auftritt auf der UN-Klimakonferenz in Rio de Janeiro am 11. Juni 1992, https://www.youtube.
com/watch?v=JGdS8ts63Ck&feature=emb_title.

Dowideit, Anette: «Die Greta-Macher», Die Welt, 19.12.2019,
https://www.welt.de/politik/plus204137490/Fridays-
for-Future-Die-Greta-Macher-wer-steht-hinter-Thun
berg.html.

Hurrelmann, Klaus / Erik Albrecht: Generation Greta. Was sie denkt, wie sie fühlt und warum das Klima erst der Anfang ist, Weinheim 2020.

Knödler, Christine: Young Rebels. 25 Jugendliche, die die Welt verändern, München 2020.

Mazza, Viviana: Stories for Future. 13 Jugendliche, die etwas bewegen, übersetzt von Sophia Marzolff, München 2020.

Parker, Laura: «Greta wasn't the first to demand climate action. Meet more young activists», in: National Geographic, 25.03.2020, https://www.nationalgeographic.com/
magazine/2020/04/greta-thunberg-wasnt-the-first-to-
demand-climate-action-meet-more-young-activists-fea
ture/.

Schütte, Dominik: «‹Wir sind nicht im Krieg!› Der große Designer und Humanist Brunello Cucinelli über die Corona-Krise», Esquire, 16.04.2020, https://www.esquire.
de/news/gesellschaft/wir-sind-nicht-im-krieg-der-desi
gner-brunello-cucinelli-ueber-die-corona-krise.

Thunberg, Greta / Svante Thunberg / Beata Ernman / Malena Ernman: Szenen aus dem Herzen. Unser Leben für das Klima, Frankfurt am Main 2019.

Weiguny, Bettina: «Teenager verändern die Welt», Frankfurter Allgemeine Sonntagszeitung, 26. 01. 2020.

Umweltverschmutzung

Bencheghib, Gary / Sam Bencheghib: Kajakfahrt über den schmutzigsten Fluss der Welt, den Citarum-Fluss, https:// www.youtube.com/watch?v=c8Hv15bV5lw.

Gyanesh, Aditi: «Minor planet will be named after Bengaluru student», The Times of India, 08. 06. 2017, https:// timesofindia.indiatimes.com/city/bengaluru/minor-planet-will-be-named-after-bengaluru-student/article show/59038148.cms.

Nix, Laura: Inventing Tomorrow (Dokumentarfilm), 2018, https://www.inventingtomorrowmovie.com/.

Obkircher, Florian: «How to change the world with a crazy idea», redbull.com, 03. 08. 2018, https://www.redbull. com/car-en/indonesia-water-project-bencheghib-brothers-interview.

Rechte und Selbstbestimmung

Alexander, Ella: «Amika George talks injustice: Young people are doing all the work», Harpers Bazaar, 16. 9. 2020, https://www.harpersbazaar.com/uk/culture/a340 29602/amika-george-interview-girl-rising/.

Banda, Memory: Rede auf dem Geneva Summit for Human Rights im Frühjahr 2020, https://www.genevasummit.

ANHANG

org/memory-banda-speaks-at-2020-geneva-summit/.

Belle, Elly: «Two Years After March For Our Lives, Here's What Emma González Is Up To», Refinery29, 24.03.2020, https://www.refinery29.com/en-us/2020/03/9584732/where-is-emma-gonzalez-march-for-our-lives-anniversary.

Gänsler, Katrin: «Nigerias Teenager kämpfen gegen die Kinderehe», Deutsche Welle, 11.10.2019, https://www.dw.com/de/nigerias-teenager-kämpfen-gegen-die-kinderehe/a-50770431.

George, Amika: TED-Talk vom November 2017 in Covent Garden, https://www.ted.com/talks/amika_george_period_poverty_breaking_the_silence/up-next.

Goldberg, Alan B./Joneil Adriano: «I'm a Girl», abc News, 08.05.2007, https://abcnews.go.com/2020/story?id=3088298&page=1.

González, Emma: Rede auf dem «March for Our Lives» in Washington D.C. am 24. März 2018, https://www.youtube.com/watch?v=u46HzTGVQhg.

Muldowney, Katie/Ignacio Torres/Alexa Valiente: «Transgender teen and ‹I Am Jazz› star Jazz Jennings», abc News, 15.10.2018, https://abcnews.go.com/Health/transgender-teen-jazz-star-jazz-jennings-sharing-final/story?id=58513271.

Mwansa, Natasha: Auftritt bei «Women Deliver»-Konferenz in Vancouver im Juni 2019, https://www.youtube.com/watch?v=AV7h01erzuY.

Vollmer, Anna: «Diese Tradition ist zerstörerisch», Frankfurter Allgemeine Zeitung, 20.19.2019, https://www.faz.net/aktuell/feuilleton/debatten/die-aktivistin-memory-banda-ueber-kinderehen-in-malawi-16454173.html.

Minderheiten

Beckett, Lois / Mark Makela: «Never again: How 11-year old Naomi Wadler became a rallying voice of black protest», The Guardian, 31.03.2018, https://www.theguardian.com/us-news/2018/mar/31/naomi-wadler-the-11-year-old-helping-lead-a-protest-movement.

Birke, Burkhard: «Ecuadors gallisches Dorf», Deutschlandfunk, 16.12.2018, https://www.deutschlandfunkkultur.de/widerstand-gegen-oelkonzerne-ecuadors-gallisches-dorf.1076.de.html?dram:article_id=435890.

Dias, Marley: Marley Dias gets it done. And so can You!, New York 2018.

Kirkland, Allegra: «Xiye Bastida opens up», Teen Vogue, 19.12.2019, https://www.teenvogue.com/story/xiye-bastida-climate-activist-documentary.

Lichterbeck, Philipp: «Millionäre im Dschungel», Neue Zürcher Zeitung, 11.01.2017, https://www.nzz.ch/international/indianer-in-ecuador-klaeger-mit-federschmuck-ld.139086.

Wadler, Naomi: Rede auf dem «March for Our Lives» in Washington D.C. am 24. März 2018, https://www.youtube.com/watch?v=C5ZUDImTIQ8.